# POLYGLOTT on tour

# Dubai

W0060648

Der Autor
**Henning Neuschäffer**

**Mit großer Faltkarte
& 80 Stickern
für die individuelle Planung**

www.polyglott.de

**SYMBOLE ALLGEMEIN**

 Besondere Tipps der Autoren

SPECIAL Specials zu besonderen Aktivitäten und Erlebnissen

 Spannende Anekdoten zum Reiseziel

 Top-Highlights und Highlights der Destination

| | TOUR-SYMBOLE | | PREIS-SYMBOLE | |
|---|---|---|---|---|
| ➊ | Die POLYGLOTT-Touren | | Hotel DZ | Restaurant |
| 6 | Stationen einer Tour | € | bis 40 EUR | bis 10 EUR |
| ➊ | Zwischenstopp Essen & Trinken | €€ | 40 bis 200 EUR | 10 bis 30 EUR |
| ① | Hinweis auf 50 Dinge | €€€ | über 200 EUR | über 30 EUR |
| [A1] | Die Koordinate verweist auf die Platzierung in der Faltkarte | | | |
| [a1] | Platzierung Rückseite Faltkarte | | | |

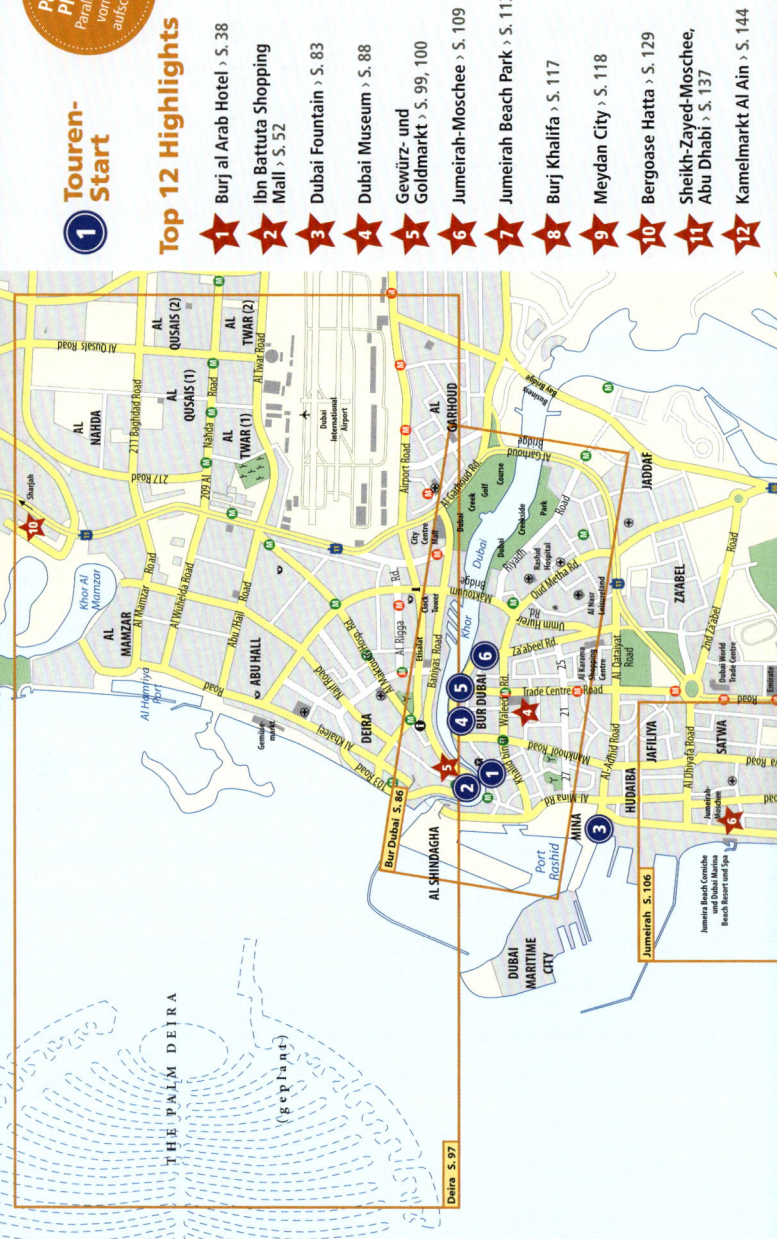

**Touren-Start**

**Perfekte Planung**
Parallel Klappe vorne links aufschlagen

**Top 12 Highlights**

1. Burj al Arab Hotel › S. 38
2. Ibn Battuta Shopping Mall › S. 52
3. Dubai Fountain › S. 83
4. Dubai Museum › S. 88
5. Gewürz- und Goldmarkt › S. 99, 100
6. Jumeirah-Moschee › S. 109
7. Jumeirah Beach Park › S. 113
8. Burj Khalifa › S. 117
9. Meydan City › S. 118
10. Bergoase Hatta › S. 129
11. Sheikh-Zayed-Moschee, Abu Dhabi › S. 137
12. Kamelmarkt Al Ain › S. 144

**4**

## Zeichenerklärung der Karten

- beschriebenes Stadtviertel (Seite=Kapitelanfang)
- **10 E h** Sehenswürdigkeiten
- **10** Zwischenstopp: Essen und Trinken
- **4** Tourenvorschlag
- Autobahn
- Schnellstraße
- Hauptstraße
- sonstige Straßen
- Fußgängerzone
- Eisenbahn
- Staatsgrenze
- Landesgrenze
- Nationalparkgrenze

Dubailand S. 119

Metrostation der roten Linie
Metrostation der grünen Linie

0          2 km

Dubais Skyline mit dem
828 m hohen Burj Khalifa

# TYPISCH

# Dubai ist eine Reise wert!

Dubai ist zweifelsohne die spannendste Stadt am Golf. Sie wagte mutig neue Wege, ihre künstlichen Inseln und futuristische Architektur sind inzwischen weltbekannt. Sie gilt als Einkaufsparadies an sonnigen Stränden, ihre historischen Viertel wurden liebevoll wiederbelebt und trotz aller Effekthascherei kann Dubai auch mit stillen »Sights« aufwarten.

Der Autor **Henning Neuschäffer** lebte und arbeitete mehrere Jahre in der Golfregion. Er lernte Dubai noch vor dem großen Bauboom kennen und verfolgt seither die atemberaubende Entwicklung. Durch Freunde vor Ort, viele gute Kontakte und regelmäßige Aufenthalte ist er immer auf dem Laufenden. Seine persönliche Vorliebe gilt dem Naturraum Arabiens, den langgezogenen Küsten, den imposanten Bergen, aber vor allem der Wüste.

»Das ist jetzt nicht sein Ernst«, schoss es mir spontan durch den Kopf. Wir waren am Dubai International Airport gelandet und der Flugbegleiter gab die Außentemperatur mit 29 °C an. Wohlgemerkt: kurz vor Mitternacht! Meine Kleidung war noch den kühlen September-Temperaturen Münchens angepasst, nicht der feuchtwarmen

Im Schatten zahlreicher Hochhäuser: der Yachthafen Dubai Marina mit dem Marina Walk

Kurze Pause vom Großstadttrubel –
dann ist der Safa-Park goldrichtig

Keine andere Stadt hat sich in den letzten Jahren so grundlegend und mit einem solchen Tempo verändert wie die Metropole am Golf. Ein schönes Symbol dafür ist das World Trade Center, in dem sich »meine« Arabisch-Schule befand. Bei seiner Einweihung 1979 war es mit 184 Metern das höchste Gebäude des Mittleren Ostens (!), stand recht einsam an der leeren Sheikh Zayed Road und war höchst umstritten, denn Kritiker glaubten nicht an den Bedarf von Wolkenkratzern im Wüstensand. Wir Schüler genossen allerdings den herrlichen Blick aus dem 11. Stock in die weite Landschaft. Die Kritiker sind längst verstummt, und das World Trade Center muss man fast suchen zwischen all den faszinierenden Neubauten entlang der Sheikh Zayed Road, wo namhafte Architekten aus aller Welt ihre spielerischen Ideen verwirklichen durften.

Sommerhitze Arabiens. Die Monate Juli bis September sind hier als die »90 Tage des Teufels« gefürchtet. Beim Verlassen des Flugzeugs wusste ich schlagartig warum, denn auf der Gangway begrüßte mich jedes einzelne Grad persönlich. Na das kann ja heiter werden, dachte ich, und das wurde es auch. Denn wenig später brachte der Oktober die von allen herbeigesehnte Abkühlung. Die damals (1992) noch spärlichen Straßencafés, wie das »Gerards« in der Jumeirah Beach Road, das nach wie vor leckere Croissants serviert, begannen sich zu füllen und auch die Restaurants stellten ihre Tische wieder nach draußen. Das Leben kehrte aus den klimatisierten Räumlichkeiten in die Öffentlichkeit zurück. Besonders am Nachmittag spürt man in den Wintermonaten dieses sanfte Licht und die weiche Wärme der Luft, die so typisch ist für die Region.

Der Blick auf und vom Dubai Creek
Golf & Yachtclub ist einfach toll.

*Wunderschön ist die Abendstimmung am Creek*

Der Eindruck eines von Wolkenkratzern dominierten Dubais, wie es so mancher Hochglanzprospekt suggeriert, täuscht allerdings. Deren Fläche macht gerade mal etwa 20 Prozent der gesamten Stadt aus, es gibt sehr viele grüne Parks, »flache« Wohnviertel und eine Altstadt, wo man auch sein »stilles« Dubai findet – beispielsweise den Creek am Nachmittag. Dort liegen an den Kaimauern die Dhaus, jene großen alten Holzschiffe, die einst mit ihrer tonnenschweren Fracht über die Ozeane segelten und Dubais Wohlstand sicherten. Heute stellen sie einen charmanten Anachronismus zur touristischen Glitzerwelt dar. In der Nähe des Gewürzmarkts liegen sie zu dritt und viert nebeneinander, die Mannschaft spielt Karten im Schatten des Hecks, bereitet auf einflammigen Gaskochern das Mittagessen zu oder schlürft genüsslich einen Tee.

Etwas weiter den Creek landeinwärts, auf Höhe der Twin Towers mit ihren spiegelnden Glasfassaden werden die Dhaus immer noch per Muskelkraft beladen. Junge Arbeiter wuchten die Ladung über einfache Rutschen in den Bauch der Schiffe, deren Ziel meist die afrikanische Ostküste ist, denn Dubai ist auch ein Umschlagplatz zwischen Europa, Asien und Afrika für Waren aller Art.

Und noch etwas mag ich an Dubai, dieser oft als laut und schrill verunglimpften Stadt. Heimlich, still und leise hat sich hier nämlich eine international anerkannte Kultur- und Kunstzene etabliert. Vor wenigen Jahren gab es nur ein, zwei Galerien, die mehr oder weniger kitschige »Dubai-Impressionen« anboten. In einer versteckten Seitenstraße von Oud Metha wagte dann ein kleiner Konzeptstore 2005 die ersten Aktzeichnungen im öffentlichen Raum auszustellen, die jedoch nicht lange an der Wand blieben – so weit ist Dubai bei aller Modernität und Aufgeschlossenheit noch nicht. Doch das, was man heute in den vielen Galerien zu sehen bekommt, macht Lust, sich mehr mit jungen Künstlern aus der arabischen Region zu befassen. Da sind z. B. die Werke der saudischen Künstlergruppe »Edge of Arabia«, die – wenn auch manchmal etwas plakativ – an gesellschaftlichen Tabus kratzen. Oder die Installationen der Künstlerin Manal al-Dowayan, sie thematisieren die Identität und Sichtbarkeit von Frauen in der arabischen Gesellschaft. Besuchen Sie eine Vernissage und lassen Sie sich überraschen.

# Reisebarometer

Was macht Dubai so besonders? Kilometerlange feine Sandstrände und exzellente Resorts, spektakuläre Architektur, Einkaufsvergnügen in sensationellen Shopping Malls, die Vielfalt an adrenalinsteigernden Attraktionen und Wüstenabenteuer.

**Beeindruckende neue Architektur**
Tollkühne Wolkenkratzer und visionäre Inselwelten

**Grüne Oasen**
Ein paar Frischluftoasen, tolle Strände und Golfplätze

**Kultur- und Eventangebot**
Gute Festivals, Konzerte, Events mit Weltstadtniveau

**Museen und Besichtigungen**
Interessante neue Museen und wachsende Kunstszene

**Gastronomie**
Bemerkenswerte kulinarische Vielfalt für jedes Budget

**Shoppingangebot**
Weltgrößtes Shoppingparadies, günstige Preise

**Spass und Abwechslung für Kinder**
Paradiesisch: Strand, Kamele, viele Vergnügungparks

**Ausgehen und Nachtleben**
Überschaubare Nightlifeszene, einige Edel-Bars & Klubs

**Ausflüge in die Umgebung**
Grandiose Wüstenlandschaft, stille Bergoasen, bunte Märkte und interessante islamische Kulturstätten

**Preis-Leistungs-Verhältnis**
Mit einer gut gefüllten Reisekasse bekommt man viel geboten.

 = gut    ●●●●● = übertrifft alle Erwartungen

# 50 Dinge, die Sie ...

Hier wird entdeckt, probiert, gestaunt, Urlaubserinnerungen werden gesammelt und Fettnäpfe clever umgangen. Diese Tipps machen Lust auf mehr und lassen Sie die ganz typischen Seiten erleben. Viel Spaß dabei!

## ... erleben sollten

**1 Sonnenuntergang am Creek** Herrlich zum Sonnenuntergang über den Creek zu schippern, für etwa 100 Dh/Stunde kann man ein Wassertaxi *(abra)* buchen, z.B. in Deira in der Baniyas Road an der »Sabkha Station«. Imbiss mitbringen und genießen! › S. 27

**2 Burj Khalifa** Ein Erlebnis: der schnellste Aufzug der Welt katapultiert Sie zur Aussichtsplattform auf 452 m Höhe. Schwindelfreie haben von dort einen dramatisch schönen Blick. Wichtig: Tickets 5–30 Tage im Voraus buchen (tickets.atthetop.ae, ab 125 Dh, *fast lane* ab 400 Dh) und morgens vor 9 Uhr (Start: 10 Uhr) erscheinen, um lange Wartezeiten zu vermeiden. › S. 117

**3 Adrenalinschub pur** Im Sportboliden mit Frontspoiler und Slicks auf einer Formel-1-tauglichen Rennstrecke Sebastian-Vettel-Feeling hautnah erleben, das Race & Drive Center im Dubai Autodrome macht es ab 875 Dh möglich (www.dubaiautodrome.com). › S. 121

**4 Wonder Bus Tour** Über eine Leiter erklimmt man das Amphibienfahrzeug. Die Aussicht und das Gefühl in der Magengegend ändert sich schlagartig, wenn der Fahrer den Bus geradewegs in den Creek lenkt. Einmal im »Fischbauch mitschwimmen« – ein uriges Erlebnis. Einen Tag im Voraus buchen (Erw. 160 Dh, Kinder 115 Dh). › S. 29

**5 Wadis, Canyons und Sanddünen** Bei einer Offroad-Tour in die Wüste die Hitze spüren, die tagsüber jegliches Leben unter die Erde verbannt. Und gleichzeitig der Faszination der bizarren Landschaft erliegen (z.B. Tour »Secrets of the Desert« von Arabian Adventures, ab 360 Dh). › S. 35

**6 Stimmungsvolles Bastakia** Dubai ist keine Stadt für lange Spaziergänge, Ausnahme: im restaurierten alten Viertel Bastakia mit seinen Gässchen und Windtürmen › S. 88. Erholen Sie sich von der Hitze danach im schattigen Innenhof des Arabian Tea House bei einer Tasse Tee »1001 Nights«. › S. 48

**7 Faszination Wüste** Mit einem Ballon in die aufgehende Sonne über der Wüste zu schweben ist zwar mit rund 1000 Dh kein billiges Vergnügen, aber ein lebenslang unvergessliches! Bei Balloon Adventures zu buchen. › S. 36

**8 Magische Momente** Bereits aus der Ferne wirken die Wasserspiele gigantisch, den schönsten Blick auf die Dubai-Fountain-Licht- & Soundshow hat man jedoch vom Wasser aus › S. 82. Für etwa 65 Dh p. P. kann man ab 17.45 Uhr an der Waterfront Promenade der Dubai Mall in ein traditionelles Holzboot steigen.

Bei einem Offroad-Trip in die Wüste

## … probieren sollten

**9 Datteln** »Wer eine Dattel isst, kostet einen Teil des Himmels«, sagt man – dem himmlischen Genuss sehr nah kommt die Sorte »khalas«, unbedingt probieren auf dem Obst- und Gemüsemarkt in Sharjah. › S. 132

**10 Köstliche Mezze** Ein sinnenfroher Gaumengenuss sind arabische Vorspeisen. Im Mezza House in Bur Dubai, südwestlich der Dubai Mall, werden sie noch auf traditionelle Art zubereitet. Lecker! (Yansoun 9, Souk Tamer Hind, www. mezzahouse.com, ab 20 Dh). [E5]

**11 Der kleine Schwarze** Kaffee arabisch (»qahwa«) aus der traditionellen Schnabelkanne genießt man ziemlich authentisch in den Cafés Bateel in diversen Malls, u. a. im Café Bateel am Dubai Marina Walk. [B3]

**12 Würzige Samosa** Die frittierten dreieckigen Teigtaschen aus Indien mit Gemüse, Kartoffel- oder Fleischfüllung sind ein idealer Snack für zwischendurch, spezielle Varianten gibt es bei Al Mallas in der Jumeirah Beach Road nahe dem Burj al Arab Hotel. [C3]

**13 Die süße Versuchung** … heißt »Umm Ali«, besteht aus Blätterteig, Milch, Rosinen, Mandeln oder Pistazien, verfeinert mit Sahne oder Zimt. Schmeckt besonders gut im Restaurant Arz Lebanon (Dubai Marina Mall, Al Marsa St.). › S. 46

**14 Kreislaufkurbel** Laban, die gesäuerte Milch, ist für einen strauchelnden Kreislauf in der Hitze genau das Richtige! Erhältlich in Supermärkten und im Kühlschrank einfacher Straßenrestaurants (ab 5 Dh). › S. 43

**15 Durstlöscher** Fruchtsäfte gibt es in vielen Spielarten in Dubai – unschlagbar erfrischend und Favorit bei den Besuchern ist der Limonen-Minze-Mix, besonders süffig im Arabian Tea House. › S. 48

**16 Frischer Fisch** Fisch (samak) isst man in den Emiraten reichlich, Favorit ist der Zackenbarsch (ham-

Blick vom One & Only Royal Mirage

## ... bestaunen sollten

**(20) Kamelrennen** Die Spannung ist greifbar, wenn die stolzen Kamele mit wippender Unterlippe um die Wette rennen – von Sept. bis März dreimal pro Woche um 7.30 Uhr auf dem Al Marmoum-Track (50 km außerhalb von Dubai an der E66, Dubai–Al Ain Road, Termine: Tel. 04-832 65 26, Eintritt frei).

**(21) Fischmarkt** Die Tische biegen sich unter Bergen von Fischen und exotischem Meeresgetier – am besten gleich um 6.30 Uhr morgens da sein, dann hat man noch Ruhe zum Fotografieren (Metro Station Palm Deira 2). › S. 101

**(22) Falkenmarkt** Die wertvollen Lieblinge der Scheichs kann man im Falcon and Heritage Sports Centre, einem Spezialsouk mit 22 Shops und Museum, aus nächster Nähe erleben und Interessantes über sie erfahren (Nad al-Sheba 1, Sa–Do 9 bis 13 und 16–21 Uhr, Eintritt frei). [G3]

*moor).* Gegrillt schmeckt er ausgezeichnet im Hatam Al Ta'ai (Nasr Square, Deira, ab 35 Dh). [G3]

**(17) Knackig und frisch** »Fattoush«, die arabische Salatvariante, erhält ihre Würze durch in Öl frittierte Fladenbrotstücke, genialer Imbiss für die die heiße Mittagszeit, sehr lecker im Restaurant »Zaatr w Zeit« (sprich »Satr w Sät«; neben dem Shangri-La Hotel, Sheikh Zayed Road, ab 25 Dh). [F3]

**(18) Manakish** heißt der Brotfladen mit Suchtfaktor, er ist mit Thymian *(zatar)* und Käse *(jubna)* überbacken. Unübertroffen ist er in der Al Damyati Cafeteria & Pastry (Kuwait Road; gegenüber dem Markt »day to day«, Stadtteil Karama, 15 Dh). [G3]

**(19) Kameleiscreme** Schon mal frische Kamelmilch probiert? Kameleiscreme ist zweifelsfrei die moderne Steigerung davon. Beides kann man probieren in The Majlis in der Dubai Mall. › S. 51

**(23) Sundowner** Unschlagbar romantisch ist es, zum Sonnenuntergang in der Rooftop Lounge vom Arabian Court des One & Only Royal Mirage Resorts einen Drink und den herrlichen Ausblick auf Palm Jumeirah zu genießen (Happy-Hour-Preise von 17–20 Uhr). › S. 58

**(24) Lichter der Großstadt** Spazieren gehen zur späten Stunde am Yachthafen und Kanal Dubai Marina mit den beleuchteten Fenstern der Wolkenkratzern hat etwas Magisches. [A3–B3]

**25 Des Emirs Pfaue** Rund 400 dieser prachtvollen Vögel stolzieren durch den Palastgarten von Mohammed bin Rashid Al Maktoum, und einige sind auch immer auf der frei zugänglichen Palastzufahrt zu sehen (2nd Za'beel Road, Stadtteil Za'abeel 2). [F4]

**26 Spektakuläre Unterwasserwelt** Im gigantisch großen Dubai Aquarium sind unter den 33 000 Wasserbewohnern die 30 Sandhaie der Hit, besonders gruselig anzuschauen, wenn sie im langen Glastunnel nur Zentimeter über den Kopf schweben (70 Dh). › **S. 36**

**27 Hereinspaziert** Unter den vielen Kunst-Hotspots in der Stadt kultivieren die 20 Alserkal-Avenue-Galerien in einem Lagerhauskomplex im Industrieviertel Al Quoz die Avantgarde der Kunstszene Dubais am eindrucksvollsten (Sa–Do 10 bis 13 und 16–20 Uhr). › **S. 55**

**28 Kamelfelsen** Umgeben von Sanddünen und den Hajarbergen am Horizont ist der bizarre »camel rock« ein reizvoller Platz für ein Sonnenuntergangspicknick. Fahrzeit gut 60 Minuten Richtung Hatta. Oder als Ausflug buchen bei Veranstaltern wie Orient Tours. › **S. 31**

**29 Alle Wohlgerüche Arabiens** Gleich nebenan vom Goldsouk kann man im Parfümsouk bei über 100 Duftnuancen seine Sinnesfähigkeiten testen und sogar sein eigenes Parfüm kreieren (ab 45 Dh). [G3]

**30 Open doors, open mind** Der Name ist Programm: Mitarbeiter erläutern bei einer Führung durch die Jumeirah-Moschee für Nichtmuslime die Grundpfeiler des Islam (Di, Do, Sa/So 10 Uhr, Fotografieren erlaubt). › **S. 109**

# ... mit nach Hause nehmen sollten

**31 Arabische Schnabelkanne** Mit ihrer klassischen Form ist die »dallah« ein schöner Hingucker und bringt sofort den Geschmack des »kleinen Schwarzen« auf die Zunge, z.B. bei Orient Spirit (im Souk Madinat Jumeirah › **S. 116**, ab 150 Dh).

**32 Für Leckermäuler** Datteln glasiert mit Schokoladenüberzug oder mit Mandeln, Pistazien, gerösteten oder karamellisierten Nüssen gefüllt, mit kandiertem Ingwer, Zitrone oder bitterer Orange. Bei Bateel in der Dubai Mall gibt es all diese Dattelvariationen (ab 45 Dh in der Geschenkbox). › **S. 51**

**33 Weihrauch & Co.** Wer die sinnlichen Raumdüfte des Orients mag, kann sie mit nach Hause nehmen, neuerdings auch rückstandsfrei in Form eines elektrischen Weihrauchbrenners, wahlweise aus Porzellan oder Metall, zu kaufen auf dem Gewürzmarkt (15 Dh). › **S. 99**

**34 Mini-Sandstrand für daheim**
Echte Strandfans sammeln eine Handvoll feinen Sand noch eigenhändig und füllen ihn zu Hause in dekorative Gläser um, andere gönnen sich ein buntes Sand-Fertigset mit Dubai-Logo. Zu haben im Bur Juman Centre (ab 30 Dh). › S. 50

**35 Wüstenschiffe** Wer könnte die Erinnerung an eine Wüstentour besser wachhalten als ein Kamel? In den Shops der Camel Company z. B. in der Ibn Battuta Mall › S. 52 gibt's die Höckertiere in allen erdenklichen Variationen und Preisklassen (9–299 Dh).

**36 Exotische Gewürze** Nicht nur ein Augenschmaus, nein, auch das Herz geht auf beim Duft der vielfältigen Gewürze. Cumin (Kreuzkümmel) darf weder in Hummus noch in Falafeln fehlen, natürlich vom Gewürzmarkt in Deira. › S. 99

Auf dem Gewürzmarkt in Deira

**37 Glänzendes Andenken** Ein Souvenir vom Goldsouk muss sein. Wie wäre es mit einem hübschen 18-Karat-Goldkettchen mit dem eigenen Namen auf Arabisch (je nach Tages-Goldpreis schon ab 130 Dh)? › S. 102

**38 Netter Dekor** Eine fröhlich-bunte Urlaubserinnerung sind die farbenfrohen Troddeln, mit der das Zaumzeug für Kamele verziert wird – als Wandschmuck und farbenfroher Dekor auf dem Kamelmarkt in Al Ain (ab 15 Dh). › S. 144

**39 Süße Erinnerung** Den Urlaub nach der Heimkehr nochmal so richtig auf der Zunge zergehen lassen – mit einer Kamelmilchschokolade der Firma Al Nassma. Ein Genuß! Wegen der Hitze am besten erst am Flughafen kaufen, Terminal 1 und 3 (ab 25 Dh). [G4–H4]

**40 Mezze zum Nachkochen** Hummus und andere arabische Vorspeisen selber machen, kinderleicht! Im Kinokuniya Bookstore, Dubai Mall › S. 51, Level 2, nach einem Mezze-Kochbuch fahnden, oder zu Hause kaufen, z. B. »Mezze – Ein magischer Genuss« von Bettina Mathaei.

## … bleiben lassen sollten

**41 Sonnenglut** Sightseeing und Sonnenbaden in der sommerlichen Mittagshitze. Wählen Sie für Ihre Vorhaben die frühen Morgenstunden oder den späteren Nachmittag. Unbedingt viel Wasser trinken.

**(42) Ungefragt fotografieren** Höflichkeit, Landessitte und Respekt vor den Einheimischen gebieten, dass man die Menschen des Landes nicht ungefragt fotografiert. Zur Not geht die Kommunikation auch mit Zeichensprache.

**(43) Alkoholische Getränke** werden nicht öffentlich verkauft und sind für Einheimische verboten. Nur in Hotels bekommen Sie legal alkoholische Drinks. Es ist verboten, diese in der Öffentlichkeit zu trinken.

**(44) Mit dem Mietwagen unterwegs** Bei Dubais Alptraumverkehr sind Staus und Unfälle die Regel und Parkplätze Mangelware. Deshalb lieber entspannt mit öffentlichen Verkehrsmitteln bzw. Taxis die Stadt erkunden.

**(45) Allein in die Wüste fahren** Fahren Sie keinesfalls ohne Führer in die Wüste. Sie können die Orientierung verlieren, zudem können Sandstürme die Sicht stark behindern.

**(46) Falsche Kleidung** Bade- und zu legere Kleidung außerhalb vom Strand sowie »oben ohne« sind absolut tabu. In Moscheen müssen Arme und Knie bedeckt sein. In den Shopping Malls und den gehobeneren Hotel- und Restaurants wird gepflegte bzw. formal elegante Kleidung erwartet.

Strandleben im Schatten der Wolkenkratzer

**(47) Unterströmungen unterschätzen** Wo Schilder Gefahren signalisieren bzw. auf gefährliche, meist nicht sichtbare Unterströmungen hinweisen, sollte man auf keinen Fall schwimmen. Es besteht Lebensgefahr!

**(48) Zärtlichkeiten in der Öffentlichkeit** werden bei aller Aufgeschlossenheit als anstößig empfunden. Wenn Männer manchmal Hand in Hand gehen, ist das ein kulturelle Eigenheit, es wäre falsch, daraus auf – im übrigen strafbare – Homosexualität zu schließen.

**(49) Westliche Ungeduld** Angenehm: Die Menschen in Dubai sind ausgesprochen höflich, hilfsbereit und gastfreundlich, aber ihre Auffassung von Zeit deckt sich nicht immer mit der der Gäste. Wer Ärger oder Ungeduld ungebremst »rausspuckt«, verliert an Respekt.

**(50) Drogen** Jede Art des Gebrauchs von Drogen ist strengstens untersagt und wird mit drakonischen Strafen geahndet.

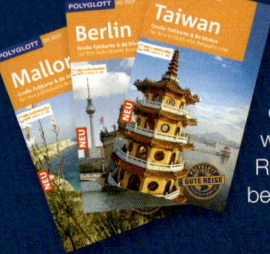

# Was steckt dahinter?

Die kleinen Geheimnisse sind oftmals die spannendsten. Wir erzählen die Geschichten hinter den Kulissen und lüften für Sie den Vorhang.

## Wieso werden der Strand beim Jumeirah Beach Hotel und das Burj al Arab Hotel »Chicago Beach« genannt?

In den 1960er-Jahren fand man vor der Küste Dubais Erdöl. Aber wohin mit dem flüssigen Gold, bis es für den Export auf Tanker verladen werden konnte? Für die Zwischenlagerung wurden zwei 70 m hohe Tanks gebaut und im Meer versenkt, und zwar genau an der Stelle, wo heute die beiden Hotels stehen, der Baukran war lange Jahre so etwas wie ein Wahrzeichen Dubais. Das beauftragte Bauunternehmen hieß »Chicago Bridge Engineering and Iron Company«. Später entstand an derselben Stelle das erste Strandhotel Dubais, das Chicago Beach Hotel. Es war lange Zeit das Hotel der Stadt, in dem man residierte, bis es dann 1997 abgerissen wurde. Ursprünglich sollte übrigens das Burj al Arab zum neuen Chicago Beach werden – aber Scheich Mohammed überlegte es sich dann anders.

## Warum trägt das höchste Gebäude der Welt, der Burj Khalifa, eigentlich den Namen des Emirs von Abu Dhabi?

Inzwischen haben sich die Einwohner von Dubai mit der Bezeichnung abgefunden, doch als Scheich Mohammed den offiziellen Namen bei der Eröffnung 2010 bekannt gab, waren viele schockiert. Denn der Turm sollte als neues Wahrzeichen auch den Namen der Stadt tragen, also Burj Dubai. Infolge der wirtschaftlichen Krise 2009 war jedoch die Fertigstellung des prestigeträchtigen Baus gefährdet. Dank eines stattlichen Darlehens aus Abu Dhabi konnte weitergebaut werden. Das wiederum verpflichtete Dubais Herrscher zu einer aussagekräftigen Danksagung.

## Welche Bedeutung haben die drei Kugeln unter dem Halbmond auf den Kuppeln von Moscheen?

Dazu gibt es unterschiedliche Antworten, die tatsächliche Bedeutung ist nicht mehr bekannt. Manche sagen es handele sich dabei um ornamentale Verzierungen, wie die Osmanen sie in ihrer herrlichen Architektur verwendeten. Andere schreiben den Kugeln eine symbolische Bedeutung zu. So soll der Prophet Mohammed nur die Moschee in Mekka, die Al-Aqsa-Moschee in Jerusalem und »seine« in Madina eines Besuches für würdig empfunden haben, die Kugeln sollen an die Verbindung zu diesen Moscheen erinnern. Bei anderen Interpretationen stehen die drei Kugeln als Symbol für »Gott, Prophet und Gemeinde« oder die »Allmacht, Allgegenwart und Güte Allahs«.

Regattaboot mit dem typisch arabischen Segelmast

# REISE-
# PLANUNG &
# ADRESSEN

# Die Stadtviertel im Überblick

**Die meisten Gäste kommen mit dem Flugzeug nach Dubai. Kurz vor der Landung schweben sie über ein regelrechtes Lichtermeer, das sich zu beiden Seiten ins Unendliche zu erstrecken scheint.**

Bei der gut halbstündigen Stunde Fahrt zu einem der Strandhotels in Jumeirah erhält man einen ersten Eindruck von der rasanten Entwicklung dieser Stadt innerhalb der letzten Jahrzehnte. Es ist noch nicht so lange her, da gab es hier nur leere Strände und ein paar Fischerorte – heute schlägt hier das touristische Herz einer supermodernen Glitzerwelt mit noblen 5-Sterne-Hotels, Restaurants und Freizeitanlagen. Vor der Küste wurden künstliche Inseln aufgeschüttet, deren Ausbau zu einzigartigen Wohn- und Freizeitparadiesen noch nicht abgeschlossen ist. Ein paar Kilometer im Inland wachsen Wolkenkratzer wie Pilze aus dem Boden, die mit neuen Wirtschaftszweigen wie »Media City« oder »Internet City« Dubais Anspruch als das »Hongkong des Mittleren Ostens« sichern sollen. Die Wirtschaftskrise von 2009 setzte dem Boom ein jähes Ende, zahlreiche Projekte verschwanden in den Schubladen. Seit 2012 erholt sich die Wirtschaft, neue Prestigebauten wie z. B. ein Opernhaus am Creek sind angekündigt, und von der Ausrichtung der EXPO 2020 erhofft man sich weitere Impulse.

Betrachtet man dagegen ein Foto von Dubai aus den 1950er-Jahren, so sieht man rechts und links des Creek nur einen recht schmalen besiedelten Gürtel mit ein paar Steinhäusern. Es sind die heute dicht besiedelten Stadtteile Bur Dubai und Deira. Beide lassen sich – im Gegensatz zum restlichen Dubai – sehr gut zu Fuß erkunden, denn die Sehenswürdigkeiten und Märkte liegen meist nur einen Katzensprung voneinander entfernt.

## Daran gedacht?

................................................

**Einfach abhaken und entspannt abreisen**

- ☐ **Reisepass** (muss ab dem Einreisetag noch sechs Monate lang gültig sein)
- ☐ **Flug- / Bahntickets**
- ☐ **Kreditkarte und PIN**
- ☐ **Impfungen** bei Bedarf
- ☐ **Führerschein** (für Mietwagen, ein internationaler Führerschein ist nicht nötig)
- ☐ **Automatische E-Mail-Antwort:** »Ich komme nur selten an meine Mails, bitte in dringenden Fällen ...«
- ☐ **Medikamente**
- ☐ **Ladegeräte für Kamera und Handy sowie Adapter**
- ☐ **Der Kultur entsprechende Kleidung einpacken**
- ☐ **Sonnenschutzmittel, -brille und Kopfbedeckung**

Blick auf den Dhau-Hafen in Deira und die moderne Skyline am Creek

Der Meeresarm, engl. *Creek,* trug als schützender Hafen dazu bei, dass sich hier in der Vergangenheit einer der wichtigsten Warenumschlagplätze des Arabischen Golfs entwickeln konnte. Noch heute legen an seinen Ufern die alten Dhaus an, Holzschiffe, die seit Jahrhunderten das Rückgrat der emiratischen Handelsflotte bilden. Sie wirken wie ein Anachronismus angesichts riesiger Frachtschiffe und modernster Containerhäfen, die an der Küste entstanden sind. Immer noch werden die Dhaus von Hand be- und entladen, befahren die Ozeane Richtung Indien oder Afrika. Hinter den Kaianlagen liegt das historische Stadtviertel von **Deira**. Hier finden sich die traditionellen Märkte, der Duft aus offenen Gewürzsäcken zieht durch alte Gassen, und um die Ecke glänzen die Auslagen des Goldmarktes. Gleich nebenan, wo in den Abendstunden das Leben pulsiert und bunte Neonleuchten flimmern, gibt es Stoffe, Kleidung und Taschen zu kaufen. An den *abra*-Stationen drängen sich die Menschen, die auf diesen kleinen Holzbooten den Creek kreuzen und ins gegenüberliegende **Bur Dubai** wollen. Bur Dubai wurde komplett restauriert, von Shindagha mit dem alten Sheikh Saeed al Maktoum House bis hinunter zur Fahidi-Festung, in der sich heute das Dubai-Museum befindet.

Nicht nur um den Creek herum verändert Dubai sein Gesicht, auch im Westen wächst die Stadt steil nach oben oder gigantisch aufs Wasser hinaus: Noch vor wenigen Jahrzehnten bestand **Jumeirah** aus nicht viel mehr als ein paar Fischerhütten an einem kilometerlangen Sandstrand, erst Ende der 1960er-Jahre begann der rasante Aufstieg. Die Wohnverhältnisse in den älteren Stadtvierteln am Creek waren beengt, Platz für Neubauten gab es nicht, und so zog es die Einwohner in die Außenbezirke. In Jumeirah sicherten sich auch die Mitglieder der Herrscherfamilie riesige Grundstücke – der herrliche Strand ist einfach unwiderstehlich. Heute schlägt in Jumeirah das touristische Herz Dubais, hier steht das architektonische Wahrzeichen Burj al Arab und vor der Küste liegen die künstlichen Inselwelten von The Palm-Jumeirah und The World. Am Westrand von Jumeirah verläuft die Sheikh Zayed Road, ein Mekka für Liebhaber moderner Architektur, nicht nur wegen des derzeit höchsten Gebäudes der Erde, dem Burj Khalifa. Ihm zu Füßen entstand ein Stadtviertel mit grandiosen Hotels, Restaurants, Einkaufspassagen und einem künstlichen See mit spektakulären Wasserspielen.

Manchmal scheint sich Dubai selbst übertreffen zu wollen, und bis zur Wirtschaftskrise 2009 schien nichts unmöglich. Vor den Toren der Stadt sollte bis 2018 mit **Dubailand** ein Vergnügungspark so groß wie Dortmund entstehen. Neben einer zweiten und natürlich größeren Schneehalle sollten u. a. ausgedehnte Wildgehege und futuristische Weltraumparks entstehen. Entgegen früherer Trends wird die Zukunft in Dubai noch eine Weile warten müssen, aber es wird mit einigen Abstrichen wieder weitergebaut in Dubailand, zu einem Besuch laden u. a. schon das Autodrom, das Global Village, Dubai Miracle Gardens und einige Sportstätten ein.

# Klima & Reisezeit

Dubai liegt in einer subtropischen Klimazone. Das bedeutet, in den Sommermonaten von Mai bis Oktober ist es sehr heiß, das Thermometer klettert bisweilen auf 50 °C, und in den Nächten kühlt die Luft nur auf 30 °C ab.

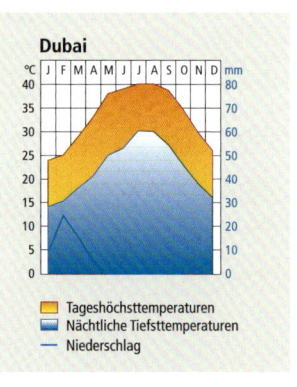

An manchen Tagen kommt eine hohe Luftfeuchtigkeit von über 80 % erschwerend hinzu. Die beste Reisezeit liegt in den Wintermonaten von Ende Oktober bis etwa Ende März, denn dann regulieren sich die Temperaturen auf einen angenehmen Tagesdurchschnitt von etwa 25 °C. In dieser Zeit fällt zwar der meiste Regen, doch handelt es sich dabei meist nur um kurze Schauer. In den Nächten kann es dann allerdings mit rund 10 °C unangenehm kalt werden.

## Saison-Highlights

Das **Dubai Shopping Festival** im Januar-Februar hat mittlerweile eine Anziehungskraft wie das Münchner Oktoberfest, dann gibt es kaum noch freie Hotelzimmer. Wer dabei sein möchte, bucht besser rechtzeitig. Genaue Ter-

mine unter www.dubaishoppingfestival.com. Ein fester Termin für jeden
Anhänger des Pferderennsports ist inzwischen der **Dubai World Cup** Ende
März. Anfang Dezember sind die Gebäude am Creek, in Jumeirah und ver-
einzelt auch in der Altstadt anlässlich des **Nationalfeiertags** mit farbenfrohen Lichterketten geschmückt.

## Ramadan

Europäische Gäste tun sich manchmal etwas schwer mit dem Fastenmonat
Ramadan, der jedes Jahr etwa elf Tage früher beginnt. In der Öffentlichkeit
wird dann weder getrunken, geraucht noch gegessen – Dubais Hotellerie
hat sich aber längst darauf eingestellt und serviert auch tagsüber hinter ver-
schlossenen Vorhängen oder in den oberen Hoteletagen reichhaltige Früh-
stücks- und Mittagsbuffets. Ramadanzeiten › S. 153.

# Anreise

## Mit dem Flugzeug

Viele europäische und mehrere Fluggesellschaften aus den Emiraten bieten
von Deutschland, Österreich und der Schweiz Direktflüge (Linie oder Char-
ter) nach Dubai an. Um das stetig steigende Passagieraufkommen besser
bewältigen zu können, wird bei Jebel Ali ein neuer Flughafen mit sechs Landebahnen gebaut. Die günstigsten interkontinentalen Anbieter sind Emirates Airways (www.emirates.de) mit Direktflügen von Frankfurt/M., München, Düsseldorf, Zürich und Wien, Etihad Airways (www.etihadairways.
com) mit Direktflügen nach Abu Dhabi und weiter per Luxusbus nach Dubai sowie Qatar Airways (www.qatarairways.com) mit Umsteigen in Doha.
Weitere Gesellschaften sind Gulf Air, Lufthansa oder Condor.

**SEITENBLICK**

### Sommer in Dubai

Warum nicht im Sommer an den Golf fliegen? Zugegeben, zunächst wirken
Tagestemperaturen bis zu 50 °C abschreckend, aber ein Sommerurlaub in Dubai
hat durchaus seinen Reiz: Hotels und Mietwagenagenturen senken von Mai bis
Oktober drastisch die Preise. Europäische Reiseveranstalter bieten Packages in
den sonst unerschwinglichen Luxushotels an. Wenn Sie ihre Outdoor-Aktivitäten
auf die frühen Morgenstunden oder den späteren Abend verlegen, ist die Hitze
kein so großes Problem. Tennis- oder Golfplätze verfügen über Flutlicht. Mittags
bieten sich Besuche in den klimatisierten Museen und Einkaufszentren an. Wie
wäre es mit Schlittschuhlaufen oder dem Besuch eines Wasserparks, bevor Sie
sich während des Dubai Summer Surprise Festivals ins Nachtleben stürzen?

## Kreuzfahrtschiffe

Bis vor wenigen Jahren lag Dubai abseits der Routen internationaler Kreuz-fahrtschiffe. Doch mittlerweile ist die Stadt so interessant geworden, dass man nicht mehr an ihr vorbeikommt. Mit Port Rashid verfügt Dubai über eines der größten und modernsten Terminals, an dem bis zu fünf Schiffe gleichzeitig abgefertigt werden können. Denn mittlerweile wird Dubai nicht mehr nur als Ziel angelaufen, sondern dient mehreren Reedereien als Basis-hafen für Kreuzfahrten nach Abu Dhabi, Bahrain, in das benachbarte Sulta-nat Oman und sogar nach Indien oder ins Mittelmeer. Neben den Schiffen der Aida- und Costa-Flotte legen auch die schwimmenden Luxusunter-künfte der Royal Caribbean-Linie in Dubai an.

# Stadtverkehr

## Flughafentransfer in Dubai

Am günstigsten sind Busse und Metro. Von Terminal 1 und 2 verkehren rund um die Uhr **Busse** im 30-Minuten-Takt in die Innenstadt. Die **Metro** der roten Linie hält sowohl an Terminal 1 als auch an 3 (Terminal 3 ist für Passagiere von Emirates). Ansonsten nehmen Sie ein Taxi (ca. 40 Dh, inkl. zusätzlicher Gebühr von 20 Dh).

## Taxis

In Dubai fährt man viel Taxi. Es gibt mehrere Taxifirmen, deren moderne Wagen mit Taxameter ausgestattet sind. Die Grundgebühr beträgt tagsüber 3 Dh, nachts 3,5 Dh. Pro gefahrenen Kilometer kommen durchschnittlich 1,5 Dh hinzu. Teurer sind Taxis, die vor den Strandhotels oder am Flughafen stehen.

In der Innenstadt gibt es genügend Taxis, die man leicht heranwinken kann. In abgelegeneren Stadtteilen muss man eventuell auf Ruftaxis zurück-greifen, die einen Zuschlag von 4,5 Dh verlangen. Darüber hinaus gibt es an einigen markanten Stellen elektronische Rufkästen: Wirft man einen Dir-ham ein, kommt automatisch ein Wagen angefahren.

## Ruftaxis:

- **Cars Taxi** | Tel. 269 33 44
- **Dubai Transport** | Tel. 208 08 08
- **Metro Taxi** | Tel. 267 32 22
- **National Taxi** | Tel. 339 00 02

Leicht zu erkennen sind die **NUR FÜR FRAUEN RESERVIERTEN TAXIS** an ihrem rosafarbenen Dach. Am Steuer sitzen ebenfalls nur Frauen, Tel. 208 08 08.

Taxis können auch tageweise ange-
mietet werden, der Preis für
12 Stunden liegt – je nach Verhand-
lungsgeschick – bei ca. 450 Dh.

## Kostenlose Shuttlebusse

Viele Hotels bieten für ihre Gäste
einen regelmäßigen Shuttle-Service
zum Flughafen, zur Innenstadt oder
zu den Stränden an. Sie fahren entweder nach Bedarf oder in einem
festen Rhythmus, fragen Sie an der
Rezeption nach.

## Metro, Monorail und Tram

In Dubai verkehren zwei Metro-
linien, die rote und die grüne. Die
Züge – alle mit drahtlosem Internet
und Handynetz ausgestattet – der
**roten Linie** verkehren zwischen Ra-

Kein Feilschen mehr Dank Taxameter

schidiya nahe dem Flughafen und Jebel Ali. In den kommenden Jahren ist
ein Ausbau bis Abu Dhabi geplant. Die **grüne Linie** mit 20 Stationen verbindet den nördlichen Stadtrand mit Bur Dubai. Die Einzelfahrt kostet für die
kürzeste Strecke 0,35 €, ein Tagesticket rund 3 €. Ein besonders gekenn-
zeichnetes Abteil ist Frauen vorbehalten. Die Bahnen fahren zwischen 6 und
23/24 Uhr, Fr erst ab 13 Uhr. Infos und Fahrplan: www.rta.ae. Die **Monorail**
verbindet das Festland mit der Spitze der Palmeninsel Jumeirah. Die RTA
(Road & Transport Authority) verkauft diverse vergünstige Tickets, darunter Tageskarten für 14 Dh (2,80 €), verschiedene Monatskarten ab 100 Dh
(20 €) oder die »nol-card«, die für Bus, Metro und Wassertaxen gültig ist.
Für Touristen eignet sich z. B. die »nol silver card« für 20 Dh (3,90 €).

Ende 2014 ist in Al Sufouh ein erstes Teilstück der Dubai **Tram** in Betrieb
gegangen. Sie verbindet zunächst die Dubai Metro mit der Monorail der
Palmeninsel Jumeirah, später auch den Dubai Marina mit der Mall of the
Emirates.

## abras (Wassertaxis & -busse)

Zu den ältesten Verkehrsmitteln der Stadt gehören die alten Holzboote,
*abras*, die zwischen den Ufern des Creek verkehren. Für Fußgänger ist die
Möglichkeit sich per Boot zu bewegen nach wie vor die schnellste Verbindung. Angeblich sollen die *abras* bald durch moderne Boote ersetzt werden.

Der Amphibienbus von Wonder Bus Tours fährt an Land und auf dem Wasser

Aber solange sie noch über den Creek schippern, sollte man eine Fahrt mit ihnen nicht versäumen. Viele *abra*-Kapitäne bieten private Rundfahrten auf dem Creek an, der Preis ist Verhandlungssache. Eine einstündige Fahrt kostet ca. 100 Dh. Sehr zu empfehlen ist eine Abfahrt gegen 17 Uhr, wenn sich die tiefstehende Sonne in den Glasfassaden der Twin Towers und dem imposanten Verwaltungsgebäude der Nationalbank spiegelt. **50 Dinge** ① › **S. 12.**

Die modernen, klimatisierten **Wasserbusse** sind schon im Einsatz und verkehren regelmäßig zwischen beiden Ufern, sind allerdings doppelt so teuer und haben weniger Anlegestellen. Eher für Gruppen und Ausflüge geeignet sind die **Wassertaxis**, die keine festen Fahrzeiten haben, insgesamt 23 Stationen, auch an der Küste, ansteuern und individuell gebucht werden müssen. Zwei Ausflugsrouten entlang der Küste bedient die **Dubai Ferry**: die eine ab dem Creek nahe der Al Ghubaiba Busstation zum Burj al Arab, die andere ab der Dubai Marina Mall zum Hotel Atlantis auf der Jumeirah-Palmeninsel. Weitere Auskünfte bei www.rta.ae.

## Busse

Fast 60 Buslinien verbinden die außerhalb gelegenen Wohngebiete mit der Innenstadt und Dubai mit den Nachbaremiraten. Die wichtigsten Sehenswürdigkeiten in Bur Dubai oder Deira, die großen Einkaufszentren und öffentlichen Strände Jumeirahs werden von mehreren Linien angefahren. Auch gibt es ausschließlich Frauen vorbehaltene Busse. Die klimatisierten Fahrzeuge verkehren von ca. 6 bis 23 Uhr im 10-Minuten-Takt, sind meistens pünktlich – und zu den Stoßzeiten gerammelt voll. Eine Stadtfahrt kostet 1 bis 3 Dh, Überlandfahrt ins 100 km entfernte Hatta nur 7 Dh. Bezahlt wird zu Beginn der Fahrt beim Fahrer, der sich über passendes Kleingeld freut, denn dann geht es zügig weiter.

## Die zentralen Busstationen

**Überlandbusse** fahren von folgenden Stationen ab:

- **Deira Station** Umer Ibn al Khattab Rd. | beim Al-Ghurair-Einkaufszentrum [G3]
- **Al Ghbaiba Station** im Souk von Bur Dubai [a4]

**Stadtbusse** verkehren ab:

- **Gold Souk Station** Al Khor St. | nahe Shindagha-Tunnel | Deira [d1]
- **Al Sabkha Station** Al Sabkha Rd. | Deira [G3]
- **Hor al Anz Station** Abu Hail Rd./Salah al Din Rd. | Har al Anz [H3]
- **Al Satwa Station** Al Satwa Rd. | Jumeirah [F3]

Informationen und Fahrpläne gibt es meist an den Metro-/Busstationen bei

- **Roads & Transport Authority** Tel. 800 90 90 | www.rta.ae.

## Stadtrundfahrten

Um sich einen Überblick über das in alle Richtungen wachsende Dubai zu verschaffen, lohnt sich eine klassische Stadtrundfahrt.

Zwei unterschiedliche Routen bietet **The Big Bus Company** (Tel. 340 77 09, www.bigbustours.com) an, die mit Doppeldeckerbussen unterwegs ist.

Ausgefallener ist allerdings eine Tour mit den Amphibienbussen von **Wonder Bus Tours** (www.wonderbusdubai.net, Tel. 359 56 56), die einen Teil der Strecke auf dem Creek zurücklegen. Besonders zu empfehlen ist eine Tour am Nachmittag, denn dann ist das Licht am schönsten. Startpunkt: am Bur Juman Center, Sheikh Zayed Road, **50 Dinge** ④ › S. 12.

Ein ganz andere Perspektive bieten die reinen Bootstouren vor der Küste rund um die Palmeninsel Jumeirah von **Yellow Boats** (www.theyellowboats. com, Tel. 800 80 44).

## Mietwagen

Autofahren in Dubai bedeutet Stress. Nur wer eine Rundreise durch die Emirate plant, braucht wirklich einen Mietwagen. In Dubai-Stadt erreicht man sein Ziel mit den öffentlichen Verkehrsmitteln schneller und sicherer. Während der Stoßzeiten (12.30–14.30 und 16.30–18.30 Uhr) ersticken die Straßen im Berufsverkehr, die kostenpflichtigen Parkplätze in der Innenstadt sind während der Geschäftszeiten hoffnungslos überfüllt, und die Polizei ist mit Parkstrafen von 150 Dh schnell bei der Hand. Um dem Verkehrschaos ent-

**SEITENBLICK**

### Verkehrsregeln

In den Vereinigten Arabischen Emiraten herrscht Rechtsverkehr, es gibt Geschwindigkeitsbeschränkungen (in der Stadt zwischen 40 und 80 km/h), deren Übertretung mit empfindlichen Strafen geahndet wird, Anschnallpflicht; die Promillegrenze liegt bei 0,0. Die Beschilderung ist sehr gut und zweisprachig (Arabisch und Englisch). Bei einem Unfall ist unbedingt die Polizei zu verständigen, selbst wenn es sich nur um einen Blechschaden handelt, sonst zahlt die Versicherung nicht.

gegen zu wirken, ist das Straßennetz in den letzten Jahren zwar erheblich erweitert worden, dadurch aber auch sehr unübersichtlich. Große braune Schilder mit weißer Schrift weisen Touristen zwar den Weg zu Märkten, Parks und Sehenswürdigkeiten, doch verpasst man auf den Schnellstraßen eine Ausfahrt, ist man schnell im Nirgendwo. Eigentlich macht nur das Tanken Spaß, denn ein Liter Benzin kostet ca. 0,34 €. Wer dennoch einen Wagen mieten möchte, kann sich bei den internationalen Mietwagenfirmen schon vor Reiseantritt die gewünschte Kategorie reservieren. Ansonsten bieten lokale Vermietstationen eine Vielzahl von Modellen an.

Voraussetzung ist ein Mindestalter von 21 Jahren (Geländewagen 25 Jahre) und für Deutsche, Österreicher und Schweizer ein gültiger Führerschein des Heimatlandes (ein internationaler Führerschein ist nicht nötig). Spätestens bei Abholung des Wagens ist eine Kaution fällig, die man entweder in bar hinterlegt, üblich ist jedoch eine vorläufige Kreditkartenabbuchung.

Die Tagespreise bewegen sich zwischen 70 Dh für einen Kleinwagen und bis zu 1000 Dh für einen Geländewagen oder eine Limousine. Wer den Wagen länger mietet, kann günstigere Preise aushandeln; fragen Sie auch nach Sondertarifen (z. B. über ein ganzes Wochenende). Achten Sie vor allem bei den lokalen Vermietern darauf, dass der Mietpreis eine Vollkaskoversicherung beinhaltet. Die Selbstbeteiligung kann stark variieren (500 bis 1000 Dh) und durch eine Zusatzversicherung (CDW) ausgeschlossen werden (kostet ca. 50 Dh pro Tag). Wichtig ist auch eine Unfallversicherung (PAI), sie kostet ca. 10 Dh pro Tag (sollten Sie zu Hause eine Unfallversicherung haben, erkundigen Sie sich, ob diese auch im Ausland gilt).

Diese Vermietstationen haben alle einen 24-Std.-Service am Flughafen und mehrere Stadtbüros, aber eine zentrale Reservierungsnummer. Fragen Sie bei der Reservierung nach dem für Sie nächstgelegenen Büro.

**International:**
- www.avis.com, | Tel. 295 71 21
- www.budget-uae.com | Tel. 295 66 67
- www.europcar.dubai.com | Tel. 224 52 40
- www.hertz-uae.com | Tel. 800 43 789
- www.sixt-uae.com | Tel. 347 97 77

**Lokal:**
- www.autolease-uae.com | Tel. 282 65 65
- www.diamondlease.com | Tel. 885 22 11

**Bestimmte Straßen und die Brücken über den Creek unterliegen der MAUT (die Sheikh Zayed Road kostet z. B. 4 Dh). Das Mautsystem *(salik)* soll stark erweitert werden. Alle Autos – auch die Mietwagen – sind mit elektronischen Ablesegeräten ausgestattet und am Ende wird Ihnen ein entsprechender Betrag von der Vermietstation in Rechnung gestellt. Erkundigen Sie sich bei Abholung Ihres Autos, wo gebührenpflichtige Strecken sind, und notieren**

Sie sich sicherheitshalber, wie oft Sie »gebucht« wurden, um den Endbetrag kontrollieren zu können. Wer ohne Plakette erwischt wird, zahlt ein kräftiges Bußgeld – stellen Sie sicher, dass ihr Wagen entsprechend ausgestattet ist. Wer mit einem Mietwagen z. B. aus Oman durch Dubai fährt, bekommt die prepaid-Plakette z. B. an den Tankstellen von Emarat und ADNOC.

## Organisierte Ausflüge

Wer Ausflüge in die Nachbaremirate unternehmen, aber nicht selbst fahren möchte, kann auch organisierte Ausflüge buchen. Fragen Sie nach einer deutsch sprechenden Reiseleitung.

- **Alpha Tours** | Tel. 294 98 88 | www.alphatoursdubai.com
- **Arabian Adventures** | Tel. 303 48 88 | www.arabian-adventures.com
- **Orient Tours** | Tel. 282 82 38 | orient-tours-uae.com | **50 Dinge** ㉘ › S. 15.

# Sport & Aktivitäten

*Die meisten Touristen kommen nach Dubai wegen der vier »S«: Strand, Sonne, Spaß und Shopping.*

Für die ersten beiden ist hauptsächlich Mutter Natur zuständig und hat reichlich davon zu bieten, darüber hinaus sorgt Dubai für jede Menge Spaß: In welchem Strandhotel man auch absteigt, jedes bietet Wassersport, Tennisplätze, Squashhallen, Wellness- oder Fitnessstudios – ganz zu schweigen von den neuen Vergnügungsparks.

### Ski Dubai

Seit 2006 gibt es ein fünftes »S«, das für die Schnee- und Skiwelt steht. Täglich werden 30 Tonnen Neuschnee produziert, die sowohl auf die fünf verschiedenen Pisten mit Schwierigkeitsgrad »leicht« bis »schwierig« (mit Buckeln) rieseln als auch in den Schneepark, in dem man z. B. Schneemänner bauen kann. Die Eintrittspreise beinhalten

Exotik in der Wüste: Ski Dubai

# Mit Kindern in der Stadt

Kinder sind in Dubai gern gesehene Gäste. Wer einmal den Stolz arabischer Eltern auf ihren Nachwuchs erlebt hat, weiß das.

Restaurants haben Kindermenus und -besteck, Babystühle oder einen Spielplatz in der Nähe. Allein die Strände Jumeirahs bieten kleinen und großen Kindern viel Abwechslung. Über die Kinder ergeben sich oft spontane Begegnungen mit der lokalen Bevölkerung. Man erlebt freundliche Aufmerksamkeit und die Händler auf den Märkten haben oft ein kleines Geschenk parat.

## Familienurlaub am Strand

Die Bademöglichkeiten an den langen Stränden sind für Kinder ideal, denn die sandigen Uferbereiche fallen seicht ins Meer ab. Nur die Meeresströmung muss man im Auge behalten. Das Angebot an familienfreundlichen Unterkünften ist recht umfangreich. Sie verfügen über Schwimmbäder für die kleinen Gäste, Spielplätze und natürlich Zimmer mit Verbindungstür. Für Babys und Kleinkinder kann man schon bei der Buchung ein Zustellbett reservieren. Auf Familien spezialisierte Hotels bieten zu bestimmten Tageszeiten Babysitter- und Kinderbetreuungsservice. Da es derzeit noch mehr Stadt- als Strandhotels gibt, kommt es in der Hochsaison – besonders zu europäischen Ferienzeiten – zu Engpässen. Da heißt es dann rechtzeitig buchen.

- Jumeirah Beach Hotel › S. 33
- Atlantis The Palm › S. 33

## Aktivitäten für Kinder

In Dubai ist nicht einmal eine Stadtrundfahrt ein langweiliges Pflichtprogramm für Kinder, gibt es doch eine Tour mit einem richtigen Amphibienfahrzeug. Der bunt bemalte Wonder Bus mit dem lächelnden Delfin stimmt die kleinen Passagiere auf eine vergnügliche Tour ein, bei der es nicht um Jahreszahlen und Baustilinformationen, sondern um einen Blick auf Dubai geht. Ein großer Spaß ist es natürlich, wenn der Bus von der Straße locker in die Fluten des Dubai-Creek gleitet.

• **Wonder Bus** [G3]
Startpunkt am Bur Juman Centre
Sheikh Zayed Road
Tel. 359 56 56
www.wonderbusdubai.com

Auch der Besuch eines Museums kann in Dubai recht vergnüglich sein, denn die Ausstellungen sind nach modernsten Konzepten ausgelegt und spannend gestaltet.

Im **Dubai Museum** › S. 88 wurden z. B. mit Hilfe von Puppen und Tonbändern Alltagsszenen der Vergangenheit lebendig nachgestellt, und es gibt jede Menge Knöpfe zu drücken, um Schautafeln oder informative Kurzfilme zu starten.

Ebenso im **Heritage House** mit seinen lebensechten Schaubildern vom Leben vor dem Ölboom › S. 100. Im **Mushrif Park** im Osten von Deira › S. 104 werden u. a. auch kurze Kamelritte angeboten.

## Spielen im Park

Die großen Parks haben fast alle riesige Spielplätze, manchmal eine Bimmelbahn oder, wie der **Creekside Park** › S. 94 gar eine eigene Kinderstadt, die **Children City**. Hier können sich Kinder austoben und im interaktiven Museum vieles spielerisch z. B. über den menschlichen Körper oder das Weltall lernen.

Ein echtes Muss ist ein Besuch in Dubais **Wild Wadi Water Park** › S. 115 mit seinen vielen Wasserrutschen, den Riesenschlauchbooten und vielen anderen Überraschungen.

Ihre Kreativität ausprobieren können junge Künstler in den zwei Filialen des Café Ceramique beim Bemalen von Porzellantassen oder -tellern.

• **Café Ceramique** [E3]
Town Center
Jumeirah Beach Road
Tel. 344 73 31
tgl. 10–24 Uhr

In Dubailand, dem zukünftigen Paradies für große und kleine Kinder voller Spieldrang ist immerhin schon die **Gokartbahn** › S. 121 in Betrieb. Rennfahrer ab sieben Jahre können sich fühlen wie Schumi & Co.

## Entspanntes Einkaufen

Selbst Shoppen ist in Dubai kinderfreundlich. Die großen Einkaufstempel Dubais sind bestens auf Familienbesuch vorbereitet. Außer kostenlosen Leih- Kinderwagen gibt es Spielplätze mit Achterbahn, Hüpfburg oder Klettergerüsten. Die **Mall of the Emirates** › S. 52 ist sogar direkt mit der größten Indoor-Skipiste der Welt, **Ski Dubai**, verbunden.

Ein Kamelritt ist die natürlichste Art, durch die Wüste zu reisen

warme Kleidung und für Skifahrer die komplette Ausrüstung inkl. Kinderhelme. Nur wer einen Skilehrer (600 Dh/Std.) benötigt, muss diesen vorher buchen. Für das Aufwärmen zwischendurch stehen das St. Moritz Café und Avalanche Café zur Verfügung. Daneben bietet das angrenzende Einkaufszentrum Mall of the Emirates mehrere Restaurants.

**Ski Dubai** [C4]

• Sheikh Zayed Road | Tel. 409 40 00
www.skidubai.com
So–Mi 10–23, Do 10–24, Fr 9–24,
Sa 9–23 Uhr | Schneepark: Erw.
150 Dh, Kinder (bis 12 Jahre) 140 Dh;
Skilaufen: für 2 Std. 200/170 Dh;
Tagespass 300/275 Dh.

### Schlittschuhlaufen

Eislaufen direkt neben der Wüste? Aber sicher! Dubai hat gleich drei Bahnen: Die große Halle im **Al Nasr Leisure Land** (hinter dem American Hospital, Oud Metha Road, Umm Hurair, Tel. 337 12 34), die etwas kleinere **Ice Rink** (neben Regency Hotel in Deira, Tel. 209 65 51) und eine dritte in der Dubai Mall › **S. 51**. Alle drei haben einen Verleih.

### Golf

Dubais Rasenplätze zählen zu den besten der Welt, verlangen dem Profi sein ganzes Können ab und sind für den Hobbygolfer eine echte Herausforderung (Ausrüstung kann geliehen werden). Grundsätzlich sollten Spieler auf allen Plätzen über ein gewisses Spielniveau (Handicap Männer 28, Frauen 36) verfügen, die meisten Klubs bieten aber auch Einsteiger- oder Schnupperkurse an. Einige, wie der **Emirates Golf Club** in der Sheikh Zayed Road am Stadtrand von Dubai, haben Meisterschaftsniveau, andere bestechen durch ihre exklusive Lage wie der **Dubai Creek Golf & Yacht Club** direkt am Ufer des Creek in der Sheikh Rashid Road. Unter Flutlicht kann man auf dem 18-Loch-Kurs des **Nad al Sheba Clubs** in der Nadd Al Sheba

Road spielen (alle drei Klubs Tel. 380 19 19, www.dubaigolf.com). Neue Plätze in Dubailand › S. 123.

### Sandskiing und Wüstenkarts

Bei einem Ausflug in die Dünen von Hatta haben die meisten Veranstalter Snowboards im Gepäck, damit der neugierige Gast das Sandskiing probieren kann. Dabei wird man entweder mit dem Geländewagen auf einer hohen Düne abgesetzt oder muss sie zu Fuß erklimmen und darf dann versuchen hinunter zu wedeln. Es braucht etwas Übung, denn es geht nicht ganz so schnell hinab wie auf Schnee.

Bei den Wüstenkarts, besser bekannt als Quadbikes, handelt es sich um kleine aber PS-starke Offroad-Vehikel, mit denen man über die Dünen flitzen kann – reizvoll, aber keinesfalls ungefährlich. › S. 128

**Orient Tours**
• Tel. 282 82 38 | orient-tours-uae.com

**Arabian Adventures**
• Tel. 343 99 66
www.arabian-adventures.com
**50 Dinge** ⑤ › S. 12.

### Rennfahren

Das **Dubai Autodrome** ist ein bereits fertiger Teil im westlichen Abschnitt des im Bau befindlichen Dubailand im Süden von Dubai. Es besitzt eine Formel-1-taugliche Rennstrecke, auf der internationale Rennen im Auto- und Motorradsport veranstaltet werden.

An den freien Tagen steht sie praktisch jedermann offen, und wer möchte, kann unter fachkundiger Anleitung ein paar Runden in schnellen Flitzern drehen. Für Kinder und Jugendliche gibt es eine anspruchsvolle Kart-Bahn, auf der Geschwindigkeiten bis zu 60 bis 70 km/h erreicht werden können: Vor den engen Kurven gilt es rechtzeitig abzubremsen.

**Dubai Autodrome** [B5–C5]
Wechselnde Öffnungszeiten; bei Interesse anrufen, denn die Bahn wird gern von Firmen komplett gebucht und ist dann für andere Gäste nicht zugänglich.
• Emirates Road | Tel. 367 87 44
www.dubaiautodrome.com
Eintritt: 100 Dh für 15 Min. Fahrt

### Kamelreiten

Die schönste Art, die Wüste kennen zu lernen, ist immer noch auf einem Kamel reitend. Im **Bab al Shams Resort** › S. 40, 141 stehen am Nachmittag Reitkamele für einen kurzen Ausflug bereit. Verschiedene deut-

Fahren auf Sanddünen will gekonnt sein

sche und einheimische Reiseveranstalter bieten auf Anfrage auch mehrtägige Ausflüge mit Zeltübernachtungen an, die man besser schon vor Abreise bucht.

**Bedu Expeditionen**
- Johann-Karg-Str. 4d | 85540 Haar
  Tel. 089-62 43 97 91 | www.bedu.de

**Desert Adventures Tourism** [C4]
- Al Barsha Boutique Building
  Al Barsha 1 | Tel. 224 28 00
  www.desertadventures.com

Anfänger trauen sich vielleicht zunächst nur für eine kurze Runde aufs Kamel: Im **Heritage House** › **S. 100** oder im **Mushrif Park** › **S. 104** kann man einen kurzen Schnupper-Ritt an der Leine wagen.

## Rundflüge

Wie wäre es mit einem Tee am Creek? Banal? Nicht wenn Sie mit einem Wasserflugzeug aus dem Sie vorher einen traumhaften Blick auf die Stadt genossen haben, am Creek Golf & Yachtclub landen.

**Seawings**
- Tel. 807 07 08 | www.seawings.ae

## Ballonfahrt

Früh aufstehen heißt es für eine unvergessliche Fahrt im Heißluftballon über den Dünen der Wüste. **Balloon Adventures**, Tel. 285 49 49, www.ballooning.ae. **50 Dinge** ⑦ › **S. 12**.

## Kitesurfen

An den Stränden von Jumeirah ziehen mittlerweile auch die markanten Lenkdrachen ihre Bahnen. Wer es selbst probieren möchte wendet sich an:

**Kitesurf Club**
- Jumeirah Road | Tel. 050 254 74 40
  www.kitesurf.ae

## Tauchen

Die Küste vor Dubai ist ein ideales Revier für Anfänger, denn das Wasser ist hier nicht so tief und gilt als sicher. Für Fortgeschrittene warten gleich mehrere Wracks darauf, erkundet zu werden. Einige davon wurden absichtlich versenkt, um künstliche Riffe zu schaffen. Eines der ungewöhnlichsten »Tauchreviere« befindet sich nicht vor der Küste, sondern in einem Einkaufszentrum – der Dubai Mall. Im dreistöckigen **Dubai Aquarium & Underwater Zoo** mit seiner künstlichen Ruinenwelt am Boden tummeln sich nach Aussage der Betreiber rund 33 000 Meeresbewohner, darunter auch so große Fische wie Haie und Rochen. **50 Dinge** ㉖ › **S. 15**. Buchen kann man dieses Erlebnis bei Al Boom Diving (www.alboom diving.com).

Hier können Sie sich über Dubais Tauchgründe informieren und auch Tauchausrüstung ausleihen:

**Emirates Diving Association** [b1]
- Diving Village | Tel. 393 93 90
  www.emiratesdiving.com

**Pavilion Dive Centre** [C3]
- Jumeirah Beach Hotel
  Tel. 406 88 28
  www.jumeirah.com/diving

# Unterkunft

Wohl in keiner anderen Stadt der Welt wächst das Hotelangebot so schnell wie in Dubai. Innerhalb einer Dekade vervierfachte sich bis 2010 die Zahl der Hotelzimmer von 7000 auf 30 000 und der Boom ist ungebrochen. Zwischen Juni 2012 und Juni 2013 eröffneten auf den Palmeninseln und den Wüstenregionen vor den Toren der Stadt 16 neue Unterkünfte.

Die Hotelszene wird eindeutig von luxuriösen Strandhotels bestimmt. Sie stehen überwiegend im südöstlichen Stadtteil Jumeirah. Hier beginnt die Preisskala bei etwa 250 € und endet irgendwo bei 2200 € für die Nacht für eine Standardsuite im Burj al Arab. Eine günstigere Gelegenheit, in diesen Häusern zu übernachten, bieten viele europäische Reiseveranstalter mit ihren Pauschalpaketen. Wer auf die Nebensaison (Mai–Oktober) ausweicht, zahlt ebenfalls weniger. Aber es gibt auch während der Wintersaison Alternativen. Das günstigste Bett Dubais gibt es in der Jugendherberge schon für 35 €. In den Stadthotels von Bur Dubai oder Deira können Sie in akzeptablen Zimmer ab 50 € pro Nacht schlafen. Die gute öffentliche Anbindung an Dubais Strände und Strandparks versöhnt mit dem relativ hohen Lärmpegel in der belebten Altstadt.

Seit März 2014 erhebt die Stadt Dubai eine **Kurtaxe**, die auf ihrer Hotelrechnung als »tourism dirham« ausgewiesen ist.

**Achtung: Einige der billigen Unterkünfte sind Stundenhotels!**
**Fragen Sie also vor dem Einchecken, ob es sich um ein »FAMILY HOTEL«**
**handelt. Wenn ja, sind Sie gut aufgehoben.**

Fische füttern im Aquarium & Underwater Zoo

## Info

Das **DTCM** (Dubai Department of Tourism & Commerce Marketing) bietet auf seiner Website (www.dubaitourism.ae) ein Reservierungssystem an, bei dem man online buchen und sich das Hotel im Detail virtuell ansehen kann. Spontanbesucher können auch ohne Hotelreservierung nach Dubai fliegen und im Flughafenbüro von DTCM ein Zimmer reservieren, mit etwas Glück zu einem guten Preis.

### Strandhotels

**Atlantis The Palm** €€€ ⭐ [B2]
Aus der Ferne sieht es aus wie ein Märchenschloss mit zwei gigantischen Türmen, die durch eine Brücke miteinander verbunden sind – in dieser Brücke befindet sich eine exklusive Suite mit Blick über die »Palm« und auf der anderen Seite auf den Arabischen Golf. ❗ Im Garten lockt ein Wasserfreizeitpark mit Rutsche, die – in einer geschlossenen Röhre – durch ein Hai-

In der Lobby des Burj al Arab

Aquarium führt. Nebenan gibt es ein Dolphinarium.
• an der Spitze der Jumeirah-Palme
Tel. 426 10 00
www.atlantisthepalm.com

**Burj al Arab Hotel** €€€ ⭐ [C3]
Der einem riesigen Segel nachempfundene Bau ragt auf einer künstlichen Insel am Jumeirah Beach 320 m in den Himmel. Die Hotelhalle – nur im Rahmen einer Stadtrundfahrt oder eines Restaurantbesuchs zu besichtigen – reicht bis unter das Dach, der Eiffelturm hätte hier locker Platz. Zur Innendekoration wurden neben Carrara-Marmor auch 10 000 m² Blattgold verwendet.
• Jumeirah Beach | Tel. 301 77 77
www.jumeirah.com

**Jumeirah Beach Hotel** €€€ ⭐ [C3]
Eine Welle am Strand, Dubais beliebtestes Strandhotel liegt direkt neben dem Burj al Arab – von der Bar im 24. Stock hat man einen grandiosen Blick darauf.
• Jumeirah Beach Rd. | Tel. 348 00 00
www.jumeirah.com

**Madinat Jumeirah** €€€ ⭐ [C3]
Ein Baderesort der Extraklasse, zu dem zwei 5-Sterne-Hotels (Al Qasr und Mina al Salaam) und eine eigene Souk-Gasse gehören. Auf einem künstlichen Kanalsystem bringen kleine Boote die Gäste zu einem der vielen Restaurants.
• Al Sufouh Rd. | Tel. 366 88 88
www.jumeirah.com

**The One & Only Royal Mirage** €€€ ⭐ [B3]
Sehr exklusives Resort im orientalischen Palaststil mit eleganten Restaurants und

Jumeirah Beach Hotel im Stil einer »Welle«

drei Wohnbereichen: The Palace mit 240 Luxuszimmern, Arabian Court mit arabischem Interieur und das non plus ultra an Komfort das Residence and Spa. Direkt vor dem Resort liegt die Palm Jumeirah, deren Bebauung den Blick aufs weite Meer etwas trübt.

• Al Sufouh Rd. (südlich von Jumeirah)
  Tel. 399 99 99
  www.oneandonlyresorts.com

**Die weiteren Strandhotels HILTON, SHERATON oder das METROPOLITAN RESORT bieten ebenfalls einen hervorragenden Service und einen eigenen Strand. Allerdings stehen sie praktisch im Schatten der Jumeirah Residence, einem Betonwald aus 36 mächtigen Wohntürmen im neuen Stadtteil Dubai Marina. Am Rande der Jumeirah Residence liegen in der Al Sufouh Road, südlich von Jumeirah liegen folgende Hotels:**

### Le Meridien Mina Seyahi Beach Resort €€€ [B3]

Das mit Blick auf das azurblaue Wasser des Arabischen Meeres gelegene Resort ist ein Juwel. Das direkt gegenüber dem weltberühmten Emirates Golf Club und dem Montgomery Golfplatz gelegene Hotel ist ein Luxus-Resort mit 211 Zimmern und einer großen Auswahl an Boutiquen. Selbstverständlich bietet es als Badehotel auch eine große Auswahl an Sportmöglichkeiten.

• Al Sofouh Rd. | Tel. 399 55 55
  www.leroyalmeridien-dubai.com

### Sheraton Jumeirah Beach Resort & Towers €€€ [B3]

Nahe dem Emirates Golf Club bietet das luxuriöse Sheraton Jumeirah Beach Hotel ein Wellness- und Wassersportzentrum, Kinderpool und mehrere Restaurants. Das Haus ist eingebettet in eine schöne Gartenanlage mit großem Außenpool und über einen hübschen Palmenhain mit dem feinsandigen Jumeirah Beach verbunden.

- Al Sufouh Rd. | Tel. 399 50 00
  www.starwoodhotels.com

## Wüstenhotels

**Bab al Shams Desert Resort and Spa** €€€ ⭐
Wunderschöne von Dünen umgebene Anlage, abends mit orientalischen Lampen stimmungsvoll beleuchtet. ❗ Die nachmittägliche Falkenshow lockt viele Gäste von außerhalb an, genauso wie die Möglichkeit, auf Kamelrücken durch die Wüste zu schaukeln › S. 141.

- 50 km südlich von Dubai
  Tel. 809 61 00
  www.meydanhotels.com

❗ **Erst-klassig**

## Echt charmant übernachten
.....................................................

Auch für Liebhaber von Hotels mit Charme und historischem Flair gibt es passende Häuser:

- **Barjeel Heritage Guest House** €€ [G3]
  Al Ghubaiba | Tel. 354 44 24
  www.barjeelguesthouse.com
- **XVA Art Hotel & Cafe** €€ [G3]
  Al Fahidi St. | nahe Dubai Museum
  Tel. 353 53 83
  www.xvahotel.com
- **Orient Guest House** €€ [G3]
  Al Fahidi St. | nahe Dubai Museum
  Tel. 351 91 11
  www.orientguesthouse.com
- **Ahmedia Heritage Guest House** €€ [G3]
  Al Ras | Deira | Tel. 225 00 85
  www.ahmediaguesthouse.com

**Al Maha Desert Resort and Spa** €€€
Dubais erste und bisher einzige ökologische Luxusherberge liegt in einem 225 km² großen Naturschutzgebiet. Die frei stehenden Bungalows in Form eines Beduinenzeltes verfügen über ihren eigenen kleinen Pool – und einen Butler.

- ca. 40 Min. südöstlich vom Stadtzentrum | Tel. 832 99 00
  www.al-maha.com

## Stadthotels

**Arabian Courtyard Hotel** €€€ [c4]
Unweit des Dubai Museum mit freundlich eingerichteten Zimmern und orientalischen Akzenten sowie nettem Personal. In der Lobby gibt es einen guten Souvenirladen. Und ab 22 Uhr wird es deutlich ruhiger in der Fahidi Street.

- Al Fahidi St. | Bur Dubai
  Tel. 3519111 | Fax 351 77 44
  www.arabiancourtyard.com

**Florida International** € [G3]
Die Lobby wirkt etwas kühl, das Personal ist aber freundlich, und die Zimmer bieten ausreichend Platz.

- Sabkha Rd., an der Al Sabkha Busstation | Deira
  Tel. 224 77 77
  www.florahospitality.com

**Al Khail** € [G3]
Zentrale Lage in Deira, die Zimmer sind klein, sauber und einfach eingerichtet.

- Naif Rd. | Deira
  Tel. 226 91 71

**Majestic Hotel Tower Dubai** €€ [F3]
Ruhig und zentral, Zimmer mit Blick auf Küste und Sheikh Zayed Road, nettes Personal.

Im Barjeel Heritage Guest House lässt es sich wunderbar von »1001 Nacht« träumen

• Mankhool Road | Bur Dubai
Tel. 359 88 88
www.dubaimajestic.com

**UAE Youth Hostel Association** € [H3]
Al Qusais liegt östlich des Flughafens,
also nicht ganz zentral. Die Herberge ist
aber wegen ihres guten Preis-Leistungs-
Verhältnisses eine gute Alternative zum

### Hotelstrände

Den besten Service mit bequemen
Liegen, Handtuch, eigenem Sonnenschirm und Pool- oder Strandbar
bieten die internationalen Ketten,
deren Strände zunächst den Gästen
des Hauses vorbehalten sind.

Tagesbesucher sind jedoch gegen
Gebühr in den meisten Hotels will-
kommen. Man hat die Wahl für
einen oder – was günstiger ist –
gleich für mehrere Tage im Voraus
zu bezahlen.

teuren Hotel. Die Zimmer sind sauber
und im neuen Trakt mit TV, Kühlschrank
und Telefon ausgestattet. Nichtmitglie-
der zahlen etwas mehr.
• Al Nahda Rd. 39 | Al Qusais
Tel. 298 81 51
www.uaeyha.com

## Hotelapartments

Besonders für Langzeiturlauber bieten sich möblierte Apartments als
günstigere Alternative zum Hotel
an.

**Al Faris Hotel Apartment** €€ [G3]
• Oud Metha | Bur Dubai | Tel. 393 58 47
www.alfarisdubai.com

**Flora** €€ [G3]
• Baniyas Pl. | Deira | Tel. 222 20 03
www.florahospitality.com

**Rihab Rotana Suites** €€€ [G3]
• Al Garhoud Road, beim Creek Golf &
Yacht Club | Deira | Tel. 294 03 00
www.rotana.com

# Essen & Trinken

Dubais Küche ist – wie seine Einwohner – in den letzten Jahren multikulturell geworden. Doch an den Feiertagen, wenn die Familien zusammenkommen, wird oft traditionell gekocht.

Die Zutaten sind schnell aufgezählt. Sie bestehen in der Hauptsache aus viel Reis, Fisch, Fleisch und Datteln, die in verschiedensten Variationen zubereitet werden. Sehr beliebt ist *harees,* ein einfaches Gericht aus Wasser, kleinen Fleischstücken und gegartem Weizen. Alles wird zusammen in einem Tontopf so lange gekocht, bis es zu einem festen Brei verrührt werden kann. Zum Mittagessen wird oft *machboos* gegessen, eine Kombination aus Reis, Zwiebeln und Hühner- oder Lammfleisch, gewürzt wird mit getrockneten Limonen. Mit dünnem Fladenbrot serviert wird *fareed is saloona,* ein Eintopfgericht aus Fleisch und viel Gemüse.

Und nicht nur die Kinder freuen sich auf etwas Süßes zum Nachtisch. In der gesamten arabischen Welt bekannt ist *umm ali* – »Alis Mutter«, eine Art Brotpudding mit Rosinen und Nüssen. Leider gibt es nur wenige Restaurants, in denen Touristen die einheimische Küche probieren können. Eines davon ist das Local House › S. 43.

Das kulinarische Angebot Dubais kann kurz und bündig zusammengefasst werden: Es gibt alles, was das Herz begehrt. Vom teuren Gourmettempel › Special S. 44 bis zum einfachen indischen oder pakistanischen Lokal um die Ecke, wo Sie für umgerechnet 5 Euro gut satt werden. Dazwischen liegen alle bekannten und unbekannten Fast-Food-Ketten, Restaurants mit internationaler und spezialisierter Küche aus allen Regionen der Welt, Snackbars und Cafés. Die genannten Lokale können nur eine kleine

**SEITENBLICK**

### Die Dattel

So wichtig wie das Kamel als Transportmittel war die Dattel als Nahrungsmittel. Denn durch ihren hohen Gehalt an Vitaminen und Mineralien versorgen schon ein paar dieser Früchte die Menschen mit den wichtigsten Nährstoffen. Der hohe Zuckergehalt wirkt als Konservierungsstoff, weshalb Datteln problemlos ein Jahr oder länger gelagert werden können.

Noch heute hat die Dattel ihren festen Platz in Arabiens Küche: Es gibt sie frisch vom Baum, getrocknet oder mit Mandeln verfeinert, Datteln werden als Beilage zu Fisch- oder Fleischgerichten gereicht oder als Dattelkuchen und Dattelsirup. Während des Fastenmonats Ramadan verzehrt man nach Sonnenuntergang traditionell erst ein paar Datteln, und ist man als Gast zum *qahwa,* dem Kaffee, eingeladen, werden immer Datteln gereicht.

Auswahl darstellen, gehen Sie selbst auf kulinarische Entdeckungsreise in Dubais stetig wachsendem Angebot an originellen Restaurants.

Cafés öffnen meist gegen 9 Uhr, die kleinen Straßenlokale servieren ab spätestens 11 Uhr warme Küche und durstlöschende Getränke, wie z. B. Laban. **50 Dinge** ⑭ › **S. 13**.

In den internationalen Hotelrestaurants gibt es von 12 bis 15 Uhr Mittagessen, und gegen 19 Uhr öffnen die Abendrestaurants.

Als wirklich guter Führer durch den Dschungel der Gastronomie bietet sich der kostenlose Official Pocket Guide des Fremdenverkehrbüros an. Bis auf die kleinen Straßenlokale sind auf über 30 Seiten Restaurants, Bars und Cafés aufgelistet.

**In besseren Restaurants ist eine RESERVIERUNG für den Abend empfehlenswert, an Wochenenden unbedingt anzuraten. ANGEMESSENE KLEIDUNG wird erwartet. Achtung, die Lokale sind gut gekühlt – nehmen Sie Jacke, Pulli oder Schal mit.**

### Gastronomische Zentren
In Dubai gibt es mittlerweile mehrere riesige Malls, in denen man eine große Auswahl an Restaurants, Bars und Cafés findet. › **S. 49**

### Emiratisch-arabische Küche
**Al Khayma** €€€ **[F3]**
Araber essen gern lang und viel. Wer das große Angebot der libanesischen Küche kennenlernen möchte, ist hier vortrefflich aufgehoben. **!** Sie bezaubert mit kleinen Vorspeisen wie *hom-*

Datteln fehlen in keiner Küche

*mos*, *tahina* oder *tabuleh*, unterschiedlichen Hauptgerichten mit Fleisch, Fisch oder Gemüse sowie verführerischen Nachspeisen wie Pistazien in Blätterteig. Dazu erklingt dezente Livemusik einer klangvollen *oud*, der arabischen Laute; es locken bequeme Sitzgelegenheiten drinnen und draußen, freundliches Personal und wunderschönes orientalisch geprägtes Interieur – arabische Kultur zum Genießen.
• Dubai Marina Beach Resort
  Jumeirah Rd. | Tel. 346 11 11

**Local House** €€ **[e4]**
Eines der leider wenigen Restaurants, in dem man echte einheimische Küche probieren kann. Die Speisekarte ist zwar nicht sehr umfangreich, aber das ruhige kleine Lokal mit sehr hilfsbereitem Personal ist ein Platz zum Wohlfühlen und gut geeignet für einen romantischen Abend.

# Gourmetrestaurants

Mit jedem neuen Hotel eröffnen gleich mehrere Gourmettempel ihre Pforten. Vom Michelin mehrfach ausgezeichnete Spitzenköche zaubern mit exotischen Zutaten Delikatessen aus aller Welt auf den Teller.

## Dinieren in luftiger Höhe

Eine der feinsten Adressen in Dubais Luxusgastronomie ist das **Al Muntaha Restaurant.** Nach einer kurzen Fahrt im gläsernen Fahrstuhl in die 27. Etage des Burj al Arab hat man das Gefühl zu schweben: Aus 200 m Höhe schweift der Blick über den Arabischen Golf und die Küste Dubais. Die kultivierte Speisekarte wartet mit einer großen Auswahl an Spezialitäten der modernen europäischen Küche auf. Die dazugehörige Weinkarte ist der Traum eines jeden Kenners. Alle Gerichte, sei es der Hummersalat mit getrockneten Kammmuscheln oder das Seeigel-Risotto, werden wie Kunstwerke präsentiert – und auch berechnet.

- **Al Muntaha** [C3]
  Burj al Arab Hotel
  Jumeirah
  Tel. 301 76 00, tgl. 12.30–15 und 19 bis 24, Freitags-Brunch 10–15.30 Uhr

Ein weiteres Lokal der – im wahrsten Sinne des Wortes – gehobenen Gastronomie ist **Vu's Restaurant.** Denn vom 50. Stock ist der Blick über die Stadt überwältigend. Die europäisch orientierte Küche verwöhnt mit exquisiten Köstlichkeiten. Nach dem Dinner sollte man bei einem Drink in der gleichnamigen Bar eine Etage höher die Lichter der Stadt auf sich wirken lassen.

- **Vu's Restaurant** [F3]
  Emirates Towers | Sheikh Zayed Road
  Tel. 319 80 88
  tgl. 12.30–15 und 19.30–23.30 Uhr

## Exklusives Seafood

Das **Pier Chic** steht auf Stelzen im Wasser vor dem Al Qasr Hotel der Madinat Jumeirah. Gastronomisch bleibt es jedoch bei einem Höhenflug, diesmal durch die Welt der Meeresfrüchte. Empfehlenswert ist die »Arabische Meeresplatte«, die dem Neuling alle Köstlichkeiten einheimischer Fische und Schalentiere verführerisch präsentiert. Zusammen mit dem Wellenrauschen unter den Planken und der dezenten Hintergrundmusik wird ein Abendessen hier zum romantischen Erlebnis.

- **Pier Chic** [C3]
  Madinat Jumeirah | Tel. 366 67 39
  tgl. 12–15 Uhr und 19–23.30 Uhr

## Wüstenromantik

Umgeben von Sanddünen, deren Kämme mit Fackeln beleuchtet werden, liegt das **Al Hadheerah Desert Restaurant** neben dem Bab al Shams Hotel. ❗ Einem arabischen Wüstenfort nachgeahmt, umhüllt es den Gast sofort mit romantischem Flair. Die arabische Küche entfaltet sich mit leckeren Vorspeisen wie *hommos* (Kichererbsenpaste) oder *tabuleh* (gehackter Petersilie, Minze und Tomate), würzigen Fischgerichten und gesunden Gemüsevariationen zur vollen Pracht, die man unter freiem Sternenhimmel genießen kann. Ein Höhepunkt ist *shoowa*: über 12 Stunden in einer geschlos-

senen Feuergrube geschmortes Fleisch, das von den Emiratis nur an den Feiertagen zubereitet wird.

- **Al Hadheerah Desert Restaurant**
  50 km außerhalb von Dubai beim
  Bab al Shams Hotel
  Tel. 832 66 99 | tgl. 19–23.30 Uhr

**Für alle der genannten Restaurants gilt eine RESERVIERUNGSPFLICHT. Außerdem wird sportlich-elegante Kleidung erwartet. Sakko bei den Herren, lange Hosen (keine Jeans) und keine Sandalen.**

## Neue arabische Küche zum Nachkochen

Zugegeben: Es ist nicht immer einfach, die originalen Zutaten zu bekommen – es sei denn, Sie streifen kurz vor dem Heimflug noch einmal durch den Gewürz- und Lebensmittelsouk. Auch selbst für geübte Köche stellen manche der Rezepte eine Herausforderung dar. Dennoch lassen die vom Fotografen Lutz Jäkel wunderbar ins Bild gesetzten Speisen (von Chefkoch Ingo Maaß und seinen Kollegen aus dem JW Marriott in Dubai) das Wasser im Munde zusammenlaufen, z.B. bei den Variationen von *hommos* mit Rote Beete oder mit Pistazien und beim Langusten-Auberginensalat mit Zitronen-Zwiebelcreme. Kein Wunder, dass dieses Buch den Internationalen Gourmand-Kochbuch-Preis gewonnen hat. Ab in die Küche!

- **Buch-Tipp:**
  Lutz Jäkel, **Dubai – New Arabian Cuisine,** Umschau-Verlag, 2006
  (nur auf Englisch).

• nahe Al-Fahidi-Kreisverkehr
Bastakia/Bur Dubai | Tel. 354 07 05
www.localhousedubai.com

**Arz Lebanon** €€ [B3]
Dass es mittlerweile sechs Niederlassungen gibt, spricht für die Beliebtheit
dieser Kette. Eines der schönsten Lokale
befindet sich in der Dubai Marina Mall.
Die Speisekarte ist so umfangreich,
dass man die kompetente Hilfe des

! **Erst-**
**klassig**

## Die romantischsten
## Restaurants
.....................................

• Leise Brandung im Hintergrund,
ein dezenter Oud-Spieler und
eine leichte Meeresbrise schaffen
die richtige Atmosphäre für den
Genuss arabischer Küche im
**Al Khayma.** › S. 43
• Dem Himmel sehr nah kommt
man in **Vu's Restaurant** in den
**Emirates Towers,** sowohl kuli-
narisch als auch von der Lage.
› S. 44, 59
• Dinieren unter freiem Himmel
und doch geschützt durch ein
nachgebautes Wüstenfort – das
kann man im **Al Hadheerah**
**Desert Restaurant.** › S. 45
• Einen tollen Blick über den Creek
genießt man samt sehr gutem
Buffet im **Apple Café &**
**Restaurant.** › S. 47
• Kleine Speisen in luftig histori-
schem Ambiente serviert **Ara-**
**bian Tea House** im Bastakia-
Viertel, dessen Markenzeichen
die alten Windtürme sind. › S. 48

Kellners gern in Anspruch nimmt.
Probieren sollten Sie unbedingt das
frisch gebackene libanesische Brot,
**50 Dinge** ⑬ › S. 13.
• Al Marsa St. | Tel. 422 19 95
www.arzlebanon.net

## Seafood-Restaurants
**Ossiano** €€€ [B2]
Eine der neuesten Gourmet-Adressen
von Dubai serviert sämtliche Köstlich-
keiten aus dem Meer im passenden
Rahmen des Unterwasserrestaurants.
Der Guide Michelin gibt dafür ganze
3 Sterne.
• im Atlantis The Palm Hotel | Jumeirah
Tel. 426 26 26

**Al Bandar** €€ [b1]
Die grandiose Lage direkt am Creek und
eine große Auswahl internationaler
Fischgerichte sorgen für ein köstliches
Dinner in entspannter Atmosphäre.
• neben dem Heritage Village
Shindagha/Bur Dubai | Tel. 393 90 01

**Golden Fork** € [b4]
Diese einheimische Restaurantkette
hat mehrere Niederlassungen im Stadt-
gebiet. Zwar hat »Golden Fork« eher
Fast-Food-Atmosphäre, aber die Meeresfrüchte sind frisch, und man isst sehr
günstig.
• Bur Dubai, hinter Astoria Hotel
Al Fahidi St. | Tel. 393 30 81
www.goldenforkgroup.com

## Asiatische Küche
**The One & Only Royal Mirage**
**Arabian Court** €€€ [B3]
Hier sitzen Sie im asiatischen Restaurant
Eauzone auf einer Stelzenterrasse über
dem Pool.

Eauzone Restaurant im Arabian Court des One & Only Royal Mirage Hotels

- südlich des Burj al Arab
  Tel. 399 99 99
  www.oneandonlyresorts.com
  tgl. 12–15.30 und 19–24 Uhr

**Sho-Cho** €€€ [F3]
Das japanische Restaurant beeindruckt
nicht nur mit dem kühl-blauen Interieur.
- im Dubai Marine Beach Resort & Spa,
  gegenüber der Jumeirah-Moschee
  Tel. 346 11 11 | tgl. 19.30–2.30 Uhr
  www.sho-cho.com

**Creekside** €€€ [G3]
So populär, dass sich die feste Stamm-
kundschaft die regelmäßigen Themen-
abende wie z. B. All-you-can-eat-Sushi
nicht entgehen lässt.
- im Sheraton Hotel & Towers
  Baniyas Rd. | Deira | Tel. 207 17 50

## Internationale Küche
**El Paso** €€€ [F3]
Bei mexikanischer Livemusik und
heißen Taco-Gerichten geht es hier
deutlich lebhafter zu.

- im Dubai Marine Beach Resort & Spa
  Tel. 346 11 11
  tgl. 12–3 Uhr

**In vielen Restaurants ist das
Trinkgeld in der Rechnung separat
ausgewiesen. Seit 2010 ist dies
jedoch offiziell nicht mehr erlaubt.
GEBEN SIE DEN KELLNERN EIN
TRINKGELD, wenn Sie mit dem
Service zufrieden waren. Üblich
sind etwa 10 %.**

**Apple Café & Restaurant** €€ [G3]
Zwei Gründe sprechen für dieses Lokal:
❗ seine Terrasse mit weitem Blick über
den Creek und sein reichhaltiges Mit-
tagsbuffet zum günstigen Preis.
- Baniyas Rd., im 3. Stock der Twin
  Towers | Deira
  Tel. 227 44 46

**The Farm** €€ [D6]
Das elegante Restaurant liegt in dem
Wohnviertel Al Barari Villas › S. 121
und bietet als eines der ersten Lokale

Bio-Kost an. Geniales Frühstück, Reservierung notwendig.

- Al Barari | gegenüber von Falcon City
  Tel. 392 56 60 | www.thefarmdubai.com

## Cafés

Besonders in Jumeirah, entlang des Creeks und in den großen Parks finden sich kleine Oasen der Erholung, wo Sie sich bei einer Tasse Kaffee mit einem Snack stärken können. Auch in den großen Einkaufszentren finden sich immer mehrere Cafés, die bisweilen auch ein Mittagsmenü anbieten.

### Café2go €€ [E3]

Neugierige können hier eine ganze Reihe von Kamelprodukten probieren, sei es die Milch pur oder im Kaffee, als Eis oder Kamelfleisch im Sandwich. Ist aber kein »Muss«, es gibt reichlich Anderes zur Auswahl.

- Al Murooj Rotana Complex
  Trade Center 2 Road, gegenüber der Dubai Mall

### Arabian Tea House € [e3]

🔲 Eines der schönsten Cafés in Dubai: In einem historischen Innenhof spendet ein Baum Schatten und locker gespannte Tücher sorgen für kühle Atmosphäre in den gemütlichen arabischen Sitzecken. Lässt auf angenehmste Weise den Trubel der Stadt vergessen, **50 Dinge** ⑥ › S. 12, **50 Dinge** ⑮ › S. 13.

- Al Fahidi St., am Kreisverkehr
  Bur Dubai | arabianteahouse.co

### Bistro 21 € [F3]

Vorsicht – aus der geplanten kurzen Kaffeepause kann bei der Auswahl an Speisen hier schnell ein ausgedehntes Mittagessen werden.

- Sheikh Zayed Rd., im 21st Century Tower | Jumeirah

Arabian Tea House – eines der schönsten Cafés in Dubai

# Shopping

**Dubai ist ein Einkaufsparadies ohnegleichen. Das Motto »Einkaufen bis zum Umfallen« hat hier seine Berechtigung. Die Briten witzeln, der Name Dubais leite sich vom englischen »do buy« (kauf ein!) ab.**

Die Möglichkeiten sind schier unerschöpflich. Erste Adresse für Markenartikel sind die vielen modernen Einkaufszentren. Wer nicht so viel Wert auf Luxuslabels legt, sollte einen Blick in die Gassen verschiedener Einkaufsviertel werfen. Einen traditionellen Basar wird der Gast vergeblich suchen, lediglich in den Gassen Deiras, wo sich der Gewürz- und Goldmarkt befinden › **S. 99 und 100** ist noch etwas vom alten Flair geblieben.

Größere Einkäufe, die nicht ins Gepäck passen – z. B. Teppiche oder Möbel –, schicken die Händler ins Heimatland. Lassen Sie sich aber unbedingt einen Kostenvoranschlag geben. Um eine Erstattung der Mehrwertsteuer muss man sich in Dubai nicht kümmern, es wird nämlich keine erhoben. Aber bedenken Sie eventuell anfallende Einfuhrzölle im Heimatland.

## Einkaufsviertel

In den kleinen Geschäften der Einkaufsviertel kauft man günstiger ein als in den großen Zentren, und mit etwas Geschick kann man dort wirklich gute Preise aushandeln. Zu kaufen gibt es neben Kleidung, T-Shirts, Jeans, Taschen und Stoffen zwar auch viel minderwertige Plastikware, aber auf der Suche nach orientalischen Souvenirs wird man hier sicher fündig.

Das südlich von Bur Dubai liegende Stadtviertel **Karama** ist für seine Sportgeschäfte sowie Bekleidungs- und Haushaltsläden bekannt. Zwischen den kleinen Einkaufszentren bieten viele indische Einzelhändler günstige T-Shirts, bunte Wasserpfeifen inklusive Zubehör oder Sonnenbrillen an.

Wer auf der Suche nach der neuesten Elektronik ist, sollte unbedingt in die **Al Fahidi Street** in Bur Dubai nahe dem Dubai Museum gehen. Verkauft werden technische Neuheiten namhafter Hersteller, Fotozubehör, HiFi-Geräte oder Mobiltelefone. Vorsichtig sollte man bei Billigstangeboten unbekannter Marken sein.

Die meisten Besucher **Deiras** haben den Gold- und Gewürzsouk als Ziel. Es lohnt sich jedoch, einen Blick in die Seitenstraßen zu werfen. Wer auf der Suche nach traditioneller arabischer Kleidung ist, findet hier die entsprechenden Geschäfte.

## Shopping Malls vom Feinsten

In den Shopping Malls Dubais geht man nicht einfach nur einkaufen, hier flaniert man durch extravagante Konsumtempel, flüchtet vor der Mittagshitze, entspannt sich in einem der vielen Cafés oder geht abends in eines der zahlreichen

Die Gasse der Stoffhändler im Markt von Bur Dubai

Restaurants. An den Eingängen gibt es Informationsstellen, die bei der Orientierung helfen und Faltpläne verteilen. Die großen Malls haben Sa–Do 10–22 und Fr 16–22 Uhr geöffnet.

Zu den exklusiven Malls gehören die folgenden Adressen. Hier finden Sie Designerkleidung, internationale Markenartikel und Schmuck.

**Bur Juman Centre [G3]**

Das Einkaufszentrum gehört zu den beliebtesten Adressen, rund 300 Geschäfte sind nach klassischer Souk-Manier auf vier Etagen je nach Warensortiment gruppiert. Hier lesen Sie Markennamen wie Bang & Olufsen, Dior, Chanel oder Calvin Klein. Die freundliche, lichtdurchflutete Atmosphäre und das riesige Warenangebot ma-

chen die Shoppingtour zum Ausflugser-
lebnis, **50 Dinge** ㉞ › **S. 16**. Ein Tipp:
Datteln sind ein beliebtes Mitbringsel –
im ersten Stock gibt es Sie bei Bateel in
verschiedenen Variationen, mit Mandeln
gefüllt oder mit Schokolade überzogen.

• Sheikh Zayed Rd. | Jumeirah
  Tel. 352 02 22 | www.burjuman.com

**Boulevard der Emirates Towers** [F3]
Vergleichsweise geringe Auswahl an
Geschäften, dafür exklusive Ware von
Armani, Oxygen, Bulgari oder Cartier.

• Sheikh Zayed Rd. | Jumeirah
  Tel. 319 87 32
  www.boulevarddubai.com

**Deira City Centre (DCC)** [G3]
Man sollte wohl eher aufzählen, was es
hier nicht gibt, denn das DCC gehört zu
den ersten Hyper-Super-Stores. Kleidung
von Armani, Calvin Klein, Diesel oder
DKNY, Schuhe von Bally, Uhren von
Breitling oder Swatch, namhafte Juweliere wie Damas, Lederwaren von Aigner,
Billy-Regale von IKEA, Parfümerien, Op-
tiker, Wechselstuben – es gibt einfach
alles. Gut verteilt sind die 15 Cafés und
Restaurants – schließlich braucht man
auch mal Gelegenheit zum Verschnau-
fen. Ein Kino gibt es übrigens auch …

• Baniyas/Al Garhoud Rd.
  Deira | Tel. 295 10 10
  www.deiracitycentre.com

**Dubai Mall** ⭐ [E3]
»Die Welt hat ein neues Zentrum« – so
der unbescheidene Werbeslogan dieser
derzeit größten Einkaufshalle der Welt
zu Füssen des Burj Khalifa, des höchsten
Gebäudes der Erde. ❗ Sie ist mehr als
doppelt so groß wie die Mall of the Emirates und beherbergt 1200 Geschäfte.
**50 Dinge** ⑲ › **S. 14**, **50 Dinge** ㉜
› **S. 15**, **50 Dinge** ㊵ › **S. 16**.
Wer dennoch nicht fündig wird, be-
staunt das drei Etagen hohe Aquarium –
eins der größten der Welt.
Tipp: Exklusiven Schmuck bietet Azza
Fahmy Jewellery (Tel. 350 51 23). Einheimische Frauen kaufen hier gern ein,
denn die schönen Stücke sind u. a. mit
arabischer Kalligraphie verziert und he-
ben sich von der Einheitsware des Goldmarktes wohltuend ab.

• Sheikh Zayed Rd. | Tel. 362 75 00
  www.thedubaimall.com

**Festival Centre** [G4]
Streng genommen handelt es sich
eigentlich um mehrere Einkaufszentren,
die in der Festival City › **S. 104** angesie-

SEITENBLICK

### Dubai Duty Free

Der Werbeslogan des Dubai Duty Free lautet: Fly-Buy-Dubai, und es soll schon
Leute gegeben haben, die nur dorthin geflogen sind, um einzukaufen.
 Kein Wunder bei 65 000 Produkten, die auf dem drittgrößten Flughafenmarkt
rund um die Uhr verkauft werden. Doch allein mit einem so üppigen Warensortiment, das natürlich auch Zigaretten, Alkohol und Parfums umfasst, wird man
nicht mehrmals »Bester Duty Free«. Das bewirken die Verlosungen teurer Luxus-
limousinen und Geldbeträge – für die man nicht mal einen Flugschein benötigt:
Auf www.dubaidutyfree.com gibt es Lose zu kaufen. [G4–H4]

Ski Dubai in der Mall of the Emirates

delt sind: Es sind um die 600 Geschäfte und 100 gastronomische Stätten. Das Festival Power Centre bildet mit dem Festival Waterfront Centre fast eine Einheit, nicht weit entfernt liegen die Trade Routes mit ihrem Angebot an orientalischen Souvenirs – und dann ist da noch der Gold Marketplace. Man bekommt hier einfach alles.

• Festival City | am Creek
Tel. 800 332 32
www.festivalcentre.com

**Mall of the Emirates (MOE)** [C4]
Mit weit über 400 Geschäften, 95 Food Outlets, Vergnügungs- und Spiele-Center, Bowlingbahnen und Ski Dubai ist diese Mall eine der Attraktionen in Dubai.

• Sheikh Zayed Rd. | Tel. 409 90 00
www.malloftheemirates.com

**Ibn Battuta Shopping Mall** ⭐ [A4]
(auch Gardens Mall genannt)
Wunderschöne Mall im orientalischen Stil in verschiedenen Themenwelten,

nicht nur zum Shoppen interessant: Rund 250 Shops, bezahlbare Markenlabels, gute Auswahl an Sport- und Freizeitkleidung und Souvenirs.
**50 Dinge** ㉟ › S. 16.

• Jebel Ali, am Emirates Highway mit eigener Ausfahrt | Tel. 362 19 00
www.ibnbattutamall.com

**Wafi City** [G4]
Der Stil ist an ägyptische und türkische Vorbilder angelehnt, deshalb gibt es neben den 350 Boutiquen, Parfümerien, Juwelieren und 30 Restaurants noch
❗ einen speziellen Souk mit 150 Händlern aus arabischen Ländern sowie ein großes familienfreundliches Freizeit- und Wellnessangebot.

• Oud Metha Rd. | Umm Hurair
Tel 324 44 26 | www.waficity.com

### Einkaufen in Jumeirah

Die Zahl der Einkaufszentren ist hier in den letzten Jahren kontinuierlich gewachsen. In der Größe können sie sich zwar nicht mit ihren großen Schwestern im Stadtzentrum messen, aber die Auswahl leidet darunter keineswegs. Im Gegenteil, was man in den Malls der Innenstadt nicht findet, lässt sich wahrscheinlich in einem der vielen Geschäfte Jumeirahs entdecken.

### Palmstrip [F3]

Man fährt fast an dieser kleinen Mall vorbei, denn die offene Glasfront erinnert eher an einen Autoverkaufssalon. Doch bei näherem Hinsehen lächeln einem in Designerkleidung kostümierte Schaufensterpuppen aus mehreren Modeboutiquen an. Im ersten Stock befindet sich das Formel-1-Internetcafé, dessen PCs tatsächlich so schnell arbeiten, wie der Name andeutet.
• gegenüber der Jumeirah-Moschee
   Tel. 224 92 22
   Sa–Do 10–22, Fr 13.30–22 Uhr

In Sichtweite schräg gegenüber liegen gleich drei kleinere Einkaufspassagen nebeneinander:

### Jumeirah Centre [F3]

Dieses Einkaufszentrum gehört mit seinem Warenangebot in die preislich gehobene Kategorie, aber das eine oder andere Schnäppchen beispielsweise bei Benetton ist durchaus drin. Photo Magic bietet einen Reparaturservice für Kameras, und bei Toy Magic gibt es hochwertiges Spielzeug.
• Jumeirah Beach Road | Tel. 349 07 66
   Sa–Do 10–21, Fr 16.30–21 Uhr

### Jumeirah Plaza [F3]

Eine der älteren Malls in Dubai, wegen der Farbe seiner Fassade auch unter dem Namen »Pink Plaza« bekannt.

Wer sich für Kunst interessiert, sollte einen Blick hineinwerfen, denn hier finden regelmäßig Ausstellungen zeitgenössischer Maler aus dem In- und Ausland statt, und das Zentrum für Internationale Kunst unterhält einen Verkaufsraum. Polulär ist die Mall auch wegen ihrer Antiquariate.
• Jumeirah Beach Rd. | Tel. 349 71 11
   Sa–Do 9.30–13, 16.30–21.30,
   Fr 16.30–21.30 Uhr

### Magrudy's Shopping Mall [F3]

Hier sei der gleichnamige Buchhändler hervorgehoben. Er führt wunderbare Bildbände und historische Reiseberichte über die Emirate und Dubai. Wem die Urlaubslektüre ausgegangen ist, findet zahlreiche Romane, allerdings auf Englisch.
Wenn Sie die Lust auf Süßes überkommt, werden Sie in der **Patisserie Gérards**, einer der bekanntesten Adressen Jumeirahs, sicher fündig. Sie liegt in einer schattigen Ecke des

Ägyptischer Eingang in die Wafi City

Das Wahrzeichen an der Beach Road: Shoppingcenter Mercato

Magrudy. Hier übt sich die Jugend Dubais bei Kaffee und frischen Croissants im »savoir vivre«.

• Jumeirah Beach Road nahe der
Moschee | Tel. 344 41 93
Sa–Do 9–22, Fr 14–22 Uhr

### SEITENBLICK

### Achtung Kleiderordnung!

Dubai ist im Vergleich zu seinen Nachbarländern in den letzten Jahren relativ locker umgegangen mit Bekleidungsregeln. Das hat aber wohl dazu geführt, dass viele Touristen und Beschäftigte aus Europa in unpassend freizügiger Freizeitkleidung zum Shoppingbummel und in die Restaurants gingen › S. 153. Deshalb verhängten die ersten Einkaufszentren eine Kleiderordnung, die anderen werden dem Beispiel sehr wahrscheinlich folgen.

### Marina Mall [B3]

⚠ Mit 130 Geschäften zwar eher klein, aber dank seiner attraktiven Lage im neuen Viertel Dubai Marina gut besucht. Neben dem üblichen Sortiment an Mode, Schmuck und Elektronikartikeln gibt es u. a. einen Campingausrüster und eine Niederlassung des belgischen Edelschokoladenherstellers Jean Galler. Beliebt sind die Restaurants und Cafés mit Blick auf den neuen Yachthafen.

• Dubai Marina
Tel. 436 10 00
www.dubaimarinamall.com
Sa–Mi 10–22, Do, Fr 10–24 Uhr

### Mercato [E3]

⚠ In dem unverkennbar italienisch geprägten pittoresken Einkaufszentrum gehen Besucher und Einheimische gern einkaufen. Es ist mit 120 Läden, Supermarkt, ein Dutzend Restaurants, Cineplexkino und Kinderspielbereich kleiner, gemütlicher und überschaubarer als die großen Malls. Besonders beliebt ist der Virgin Megastore.

- Jumeirah Beach Road
  Tel. 344 41 61
  www.mercatoshoppingmall.com
  Sa–Do 10–22, Fr 14–22 Uhr

## Galerien

Die Kunst ist noch jung in Dubai. Aber es gibt ein paar sehr feine Galerien, wo man die Werke einheimischer und ausländischer Künstler erwerben kann.

Neben den nachfolgenden Galerien sollten Kunst-Interessenten unbedingt auch das **DIFC (Dubai International Financial Center)** mit seinen zahlreichen Galerien aufsuchen, › S. 112.

### Green Art Galerie ⭐ [E4]

Gehört zu den führenden Ausstellungsorten in Dubai und konzentriert sich im Wesentlichen auf zeitgenössische Kunst des Mittleren Ostens, Nordafrika und Südasien. **50 Dinge** ㉗ › S. 15.

- Al Quoz 1 | Street 8
  Alserkal Avenue | Unit 28

Tel. 346 93 05 | www.gagallery.com
Sa–Do 10–19 Uhr

### Majlis-Galerie [e3]

Untergebracht in einem historischen Gebäude mit Windturm und kleinem Innenhof, das allein schon einen Besuch wert ist, finden hier – in der bekanntesten Galerie der Stadt – jährlich rund zehn Ausstellungen zeitgenössischer Kunst statt.

- Al Fahidi St., Bur Dubai
  Tel. 353 62 33
  www.themajlisgallery.com
  Sa–Do 10–18 Uhr, August geschl.

### XVA-Galerie ⭐ [e3]

Gut ausgeschildert ist die Galerie ebenfalls in einem alten Windturm-Gebäude untergebracht. Sie konzentriert sich v. a. auf die Gemälde lokaler Künstler. Ungewöhnlich: Die Galerie verfügt über ein angeschlossenes Hotel, das XVA Art Hotel & Cafe. Es bietet vier kleine, orientalisch eingerichtete Gästezimmer in sehr schönem Ambiente › S. 40.

- Al Fahidi Street | Bastakia
  Tel. 353 53 83
  www.xvagallery.com
  tgl. außer Fr 9–21 Uhr

---

**SEITENBLICK**

### Shopping Events

Um die Kauflust der Bewohner und Gäste in Stimmung zu bringen, finden in Dubai jährlich zwei Veranstaltungen statt, von der die eine mittlerweile fast Kultstatus hat: Das **Dubai Shopping Festival** lockt in jedem Frühjahr Menschen aus der ganzen Welt mit günstigen Preisen, Lotterien und einem Rahmenprogramm aus Sport und Kultur an den Creek, der allabendlich durch ein großes Feuerwerk erleuchtet wird (www.mydsf.com, › S. 24, 80).

Immer größerer Beliebtheit erfreut sich das Sommer-Shopping-Festival **Dubai Summer Surprises**. Passend zur Jahreszeit gibt es viele Events und Unterhaltung für die ganze Familie – und natürlich jede Menge Schnäppchen. › S. 80.

# Am Abend

Das Nachtleben Dubais ist im Vergleich zu anderen Weltstädten nicht ganz so schillernd und findet überwiegend in den internationalen Hotels und großen Shopping Malls statt. Da allerdings können die Besucher auf ein äußerst vielfältiges Angebot an Restaurants, auf gepflegte Bars und auch einige Diskotheken und Nachtklubs zugreifen.

Außerdem haben in der Regel nur sie eine Lizenz zum Alkoholausschank. Dennoch finden Romantiker und Nachteulen genug Angebote, um ihre Vorstellung eines gelungenen Abends zu verwirklichen. Lediglich Spielcasinos sucht man vergeblich – Glückspiel ist in den Emiraten verboten.

**Das Monatsmagazin WHAT'S ON, das normalerweise in den Hotels ausliegt, veröffentlicht aktuelle Termine, und im Internet gibt's unter www.dubaicalendar.ae auch die regelmäßigen Veranstaltungen. Das Magazin OUT & ABOUT enthält weitere Informationen und wird kostenlos bei den Touristeninformationen verteilt.**

## Gastronomische Zentren

In Dubai gibt es inzwischen mehrere Plätze, wo sich Einkaufen, Freizeitvergnügen und Abendessen verbinden lassen. Mit großem Andrang und höherer Lautstärke sollte man jedoch in den Shopping Malls rechnen. Das Angebot reicht vom einfachen Schnellimbiss bis zum vegetarischen Restaurant. Allein die **Mall of the Emirates** verfügt mit dem angeschlossenen Kempinski-Hotel über mehr als 95 Lokalitäten, die **Wafi City** nimmt ihre Gäste laut eigener Aussage mit auf eine kulinarische Reise in vier Ecken dieser Welt – einige Restaurants haben sogar eine Alkohollizenz.

Weniger Auswahl an Geschäften, dafür eine gemütlichere Ausgeh-Atmosphäre findet man z. B. in **Madinat Jumeirah** › S. 116. Sie ist schon seit ein paar Jahren »das« Viertel, wo man abends nach einem Bummel durch die verwinkelten Gassen der Basarstraße zum Essen geht und je nach Gusto asiatische, marokkanische oder chinesische Spezialitäten genießt. Das »Pisces« serviert leckere Fischgerichte und im »Toscana« runden ausgesuchte Weine das gelungene Abendessen ab. Von den Dachterrassen hat man einen schönen Blick auf die illuminierten Windtürme von Madinat Jumeirah und das nahegelegene Burj al Arab Hotel mit seinem Lichtspiel.

Neu ist dagegen der **Souk al Bahar** mit einem ähnlichen Ambiente. Er gehört zur neuen **Downtown Dubai** mit der Dubai Mall. Der Bazar und die Restaurants liegen am Ufer eines Sees, nebenan zieht der neue Himmelstürmer Burj Khalifa die Blicke auf sich. Auf der Terrasse des »Margaux« genießt man neben der ex-

»In«-Adresse Madinat Jumeirah – auch und besonders am Abend

quisiten europäischen Küche auch einen schönen Blick auf den **Dubai Fountain** mit seinen halbstündigen Lichtspielen. Die »Meat Company« serviert saftige Steaks.

Der Yachthafen **Dubai Marina** mit dem Marina Walk liegt zwar im Schatten zahlreicher Hochhäuser, das Angebot an Restaurants, Bars und Lounges ist jedoch nicht zu toppen. Da wären z. B. die asiatischen Köstlichkeiten des edleren »Royal Orchid«, die man am schönsten auf der großen Terrasse einnimmt. Einfacher ist die Einrichtung im »Zaatar«, das gute arabisch-libanesische Küche serviert.

Kaum zu überblicken ist die Auswahl an Bars, (Familien-)Restaurants und Cafés in der **Dubai Festival City** › **S. 104** am südlichen Ende von Deira. Auf dem künstlichen Kanal kann man sich mit einer *abra* einen Überblick über die Lokale entlang des Canal Walk verschaffen und sich dann beispielsweise im »Yo! Su-

shi« absetzen lassen. In den orientalisch gehaltenen Gassen der Trade Routes werden entsprechende Gerichte serviert. Und dann gibt es noch den kleinen Yachthafen Festival Marina mit etwas exklusiveren Restaurants.

## Dinnercruise

Während die hell erleuchtete Skyline des nächtlichen Dubai an Ihnen vorüberzieht, genießen Sie ein Menü oder das reichhaltige Buffet an Bord einer umgebauten Dhau. Am Ufer des Creek in Bur Dubai liegen jeden Abend mehrere dieser Restaurantschiffe bereit, auf die Sie unter der Woche auch spontan zusteigen können (donnerstags und am Wochenende empfiehlt sich eine Reservierung). Etwa zwei Stunden dauert z. B. eine Fahrt bei:

**Ramee Cruise** €€€ [G3]
• Tel. 050/778 26 28
  Abfahrt 19.30 Uhr

In Vu's Bar liegt Ihnen die Stadt zu Füßen

## Arabischer Abend

Bei einem Glas Tee und einer Wasserpfeife zusammenzusitzen, palavern, schweigen oder eine Partie Backgammon spielen ist eine der urarabischsten Freizeitbeschäftigungen für den späten Nachmittag und Abend. In Dubais Glitzerwelt gibt es auch dafür die entsprechenden Lokale – in den unten genannten werden auch einige arabische Gerichte serviert.

**Al Dahleez** €€ [G4]
• Al Boom Tourist Village
  Tel. 324 30 00
  tgl. 12–16 und 16–24 Uhr

**Al Koufa** €€ [G3]
• neben Al Nasr Leisure Land
  Tel. 335 15 11 | tgl. 18.30–2 Uhr

## Bars

Jedes größere Hotel verfügt über Bars mit Alkohollizenz. Die meisten bieten von 18 bis 21 Uhr Happy Hour-Preise, Frauen bekommen zur *ladies' night* ein alkoholfreies Getränk spendiert.

**Al Samar Lounge** [C3]
Man genießt den Blick auf's Meer von der Terrasse und das Livemusik-Programm. Beides vom Feinsten – wie auch die Cocktails.
• Am Ende der Jumeirah Beach Road
  Madinat Jumeirah
  Tel. 366 67 30

**Long's** [F3]
Am frühen Abend ist es noch ruhig und man diniert gemütlich im angeschlossenen Restaurant, während sich nebenan langsam die Nachtschwärmer Dubais einfinden, um bei launiger Musik zu feiern. Donnerstags ist viel los.
• im Towers Rotana Hotel
  Tel. 343 80 00

**Rooftop Lounge and Terrace** [B3]
Nicht ganz so hoch wie das Up-Town, aber ein wunderbarer Platz unter freiem

Himmel und glitzernden Sternen für den Drink auf ultrabequemen, arabischen Sitzkissen. Die Getränkekarte enthält auch alkoholfreie Cocktails. Sehr empfehlenswert. **50 Dinge** ㉓ › S. 14.
• im The One & Only Royal Mirage Arabian Court › S. 46
  Tel. 399 99 99

**Up-Town** [C3]
Gemütliche Piano-Bar im 24. Stock mit kleiner Terrasse, in der man den Tag bei einem Drink in ruhiger Atmosphäre mit fantastischem Blick auf die Skyline am Horizont ausklingen lassen kann – ein Erlebnis, wenn die Lichter des benachbarten Burj al Arab angehen und mit ihrem Wechselspiel beginnen. Vergessen Sie keinesfalls den Fotoapparat, die Aussicht ist wirklich umwerfend.
• im Jumeirah Beach Hotel
  Tel. 406 81 81

**Vu's Bar** [F3]
Allein die Fahrt im gläsernen Aufzug in schwindelnde Höhen ist ein Erlebnis.
❗ Lassen Sie sich verzaubern, wenn die Sonne über Dubai versinkt, die Lichter in der belebten Sheikh Zayed Road zu ihren Füßen anspringen und aus der Ferne der Turm des Burj al Arab blinkt. Die preiswertere Erlebnisvariante zum gleichnamigen Gourmetlokal. › S. 44
• im 51. Stock der Emirates Towers
  Tel. 319 87 71

**Nachtklubs**

Nachtschwärmern bieten sich neben Hotelbars und -diskos einige Klubs an, die auch unter der Woche bis in die frühen Morgenstunden geöffnet sind. Am Wochenende sind sie brechend voll.

**360°** [C3]
Nur wenige Klubs können mit dem »360°« mithalten, allein die Location mit ihrem Rundum-Blick ist fulminant, dazu der richtige Beat und eine Shisha. Herrliche Cocktails.
• Jumeirah Beach Hotel
  Di–Do 18–2, Fr–Sa 16–2 Uhr

**Chameleon** [G4]
Hier werden die neuesten Scheiben aufgelegt, manchmal auch Livemusik gespielt.
• neben der Wafi City Mall | Wafi City
  Tel. 324 00 72
  www.waficity.com
  tgl. außer Mo 19–2 Uhr

**The Lodge** [G3]
Eine sehr beliebte Adresse, vor allem wegen der Livekonzerte internationaler Musikstars.
• im Al Nasr Leisure Land › S. 96
  Tel. 337 94 70
  tgl. 19.30–6 Uhr

**The Pulse** [G3]
Hier geht es trotz vieler Leute etwas entspannter zu. Sie bekommen gutes Essen, gute Musik und gute Stimmung.
• im Mövenpick Hotel | 19th St
  Bur Dubai
  Tel. 336 60 00
  tgl. 18–3 Uhr

**ZINC** [F3]
Lust darauf, die Nacht zum Tag machen? Geht im ZINC – einer der ersten Klubs in Dubai – tgl. ab 22 Uhr. Die Tanzfläche ist angeblich nie leer. Bis Mitternacht ist Happy Hour.
• Crown Plaza Hotel | Sheikh Zayed Rd.
  tgl. 22–3 Uhr

Morgenstimmung auf der
Kamelrennbahn

# LAND & LEUTE

# Steckbrief

- **Fläche:** 3900 km²
- **Größte Stadt:** Dubai
- **Bevölkerung Stadt:** 2,1 Mio.
- **Bevölkerung Emirat:** 2,6 Mio., davon 85 % Ausländer, hauptsächlich aus Indien, Pakistan und Europa
- **Bevölkerungswachstum:** 5 % (bedingt durch hohe Zuwanderung)
- **Sprachen:** Offizielle Landessprache ist Arabisch, Englisch ist weit verbreitet, außerdem Hindi, Urdu, Farsi
- **Religion:** Islam (ca. 80 % Sunniten), Christentum, Hinduismus
- **Landesvorwahl:** 00971
- **Vorwahl Dubai:** 04

- **Währung:** Dirham (AED)
- **Zeitzone:** MEZ + 3 Std., (MEZ + 2 Stunden während der europäischen Sommerzeit)

## Lage

Das Emirat Dubai ist Teil der Vereinigten Arabischen Emirate (VAE) und liegt im Südosten der Arabischen Halbinsel. An der Nordgrenze, dem Arabischen Golf, liegen die meisten Städte. Im Osten verläuft die Grenze zum Sultanat Oman, ein etwa 70 km langer Abschnitt am Golf von Oman gehört den Emiraten. Im Süden und Westen verläuft die Grenze zu Saudi-Arabien durch die Dünen des Leeren Viertels.

Mit etwa 80 000 km² (zum Vergleich: Deutschland 357 000 km²) sind die Emirate etwa so groß wie Österreich, wobei Abu Dhabi über 80 % der Landfläche einnimmt. Es folgen Dubai und die fünf kleinen Emirate Sharjah, Ajman, Umm al-Quwain, Ras al-Khaimah sowie das an der Ostküste gelegene Fujairah.

## Politik

Das in Erbfolge bestimmte Amt des Präsidenten der in einer Föderation zusammengeschlossenen Emirate bekleidet Scheich Khalifa al Nahyan aus Abu Dhabi. Der Herrscher Du-

Palm Jumeirah

bais, Mohammed Al Maktoum, ist Vizepräsident. Alle Herrscher der sieben Emirate bilden den Obersten Rat. Minister werden ernannt, nur die Mitglieder des beratenden Nationalrates werden gewählt. Es gibt keine Parteien, Gewerkschaften und keine Wahl des Staatsoberhaupts.

## Wirtschaft

Für die Entwicklung Dubais waren seine Erdöleinnahmen grundlegend. Doch konzentrieren sich alle wirtschaftlichen Bemühungen der letzten Jahre auf eine Diversifizierung der Wirtschaft. Denn bald werden die Pumpen stillstehen. Schon heute ist der Anteil des Öls am Bruttoinlandsprodukt auf etwa 5 % gesunken.

Die beiden wichtigsten Standbeine Dubais sind Handel und Tourismus. Vor allem die Freihandelszonen, deren erste 1985 in Jebel Ali eröffnet wurde, sollen ausländische Firmen zu Investitionen animieren. Wichtige Handelspartner sind die USA, Japan und Deutschland. Re-Export heißt das Zauberwort – nur ein Drittel der nach Dubai importierten Waren wird im Land selbst verbraucht. Ausländische Firmen werden mit günstigen Bedingungen angelockt: 100 % eigener Firmenbesitz, keine Zollgebühren oder Gewerbesteuern, erwirtschaftetes Kapital kann zu 100 % ins Heimatland abgeführt werden. Darüber hinaus bietet Dubai gut ausgebildete und billige Arbeitskräfte und kennt keine bürokratischen Hürden. Die geografische Lage und eine hervorragende Infrastruktur (große Flug- und Seehäfen) sichern eine gute Anbindung an die internationalen Märkte Asiens, des Mittleren Ostens und in Übersee.

Ein Blick nach Jumeirah zeigt die wachsende Bedeutung des Tourismus. Wohin man sich auch wendet, überall entstehen neue Hotels, Badestrände und Freizeitparks. Die Finanzkrise von 2009 ließ Tourismus und Baubranche straucheln, die Stadt beantragte Zahlungsaufschub bei ihren Gläubigern und musste sich vom Nachbaremirat Abu Dhabi die Fertigstellung des Burj Khalifa bezahlen lassen. Inzwischen hat Dubai sich erholt, neue Bauprojekte werden in Angriff genommen und neue Einnahmequellen erschlossen. So gibt es seit 2014 den »tourism dirham« – eine Art Kurtaxe.

## Landwirtschaft und Fischerei

Landwirtschaftlich nutzbarer Boden ist rar in Dubai. In ökologischen Versuchszentren sollen neue Pflanzenarten für die extremen Klimabedingungen gezüchtet werden. Erste Erfolge sind erzielt – in einigen Gewächshäusern wachsen sogar Erdbeeren. Es gibt eigens klimatisierte Ställe für rund 30 000 Kühe, die die Versorgung mit Milchprodukten zumindest teilweise sicherstellen.

Unproblematisch ist die Fischversorgung – der Arabische Golf ist sehr fischreich: Gut 80 000 t Fisch werden jährlich gefangen, der Staat garantiert konstante Preise und übernimmt den Transport im Inland und ins Ausland.

# Geschichte im Überblick

**Um 4000 v. Chr.** Erste Siedler im Gebiet der heutigen VAE.

**Um 2500 v. Chr.** Das Gebiet der heutigen VAE ist Teil eines Handelsnetzes zwischen dem Kupferland Magan (heutiges Oman) und Mesopotamien (heute Irak), Gräberfunde an der Küste sind Zeugnisse einer Hochkultur.

**4. Jh. v. Chr.** Nearchus, ein Offizier Alexanders des Großen, erkundet die Golfregion. Es entstehen griechische Siedlungen in der Region des heutigen Dubai.

**Ab 2. Jh v. Chr.** Aus dem Jemen wandern mehrfach große Volksgruppen aus und besiedeln die Arabische Halbinsel. Sie bilden die Vorfahren vieler arabischer Stämme, u. a. der Bani Yas bei Abu Dhabi.

**622** Der Prophet Mohammed zieht von Mekka nach Medina, Beginn der islamischen Zeitrechnung. Nur 13 Jahre später ist die ganze Arabische Halbinsel islamisiert.

**8. Jh.** Julfar (im heutigen Ras al-Khaimah) unterhält als bedeutende Hafenstadt Handelsbeziehungen mit China.

**1498** Vasco da Gama erreicht die Ostküste der Emirate.

**1761** Beduinen vom Stamm der Bani Yas siedeln auf einer Insel vor der Golfküste und gründen Abu Dhabi.

**1820** Durch Verträge mit den Emiren von Abu Dhabi, Sharjah und Ras al-Khaimah wird aus der Piratenküste die »Vertragsküste«.

**1833** Scheich Maktoum bin Bouti zieht mit 800 Anhängern nach Dubai und erklärt die Stadt zum eigenständigen Emirat. Es lebt von Handel, Perlentauchen und Fischfang. Die Maktoums stellen bis heute die Herrscherfamilie.

**1902** Um Zollabgaben zu sparen, ziehen persische Händler nach Dubai.

**1903** Die ersten Dampfschiffe der Britisch-Indischen Schifffahrtsgesellschaft laufen Dubai an.

**1912** Scheich Saeed bin Maktoum Al Maktoum wird Herrscher von Dubai.

**1929** Der Börsenkrach an New Yorks Wall Street lässt die Perlenpreise fallen. Die Erfindung der Zuchtperle in Japan ein Jahr später bedeutet das endgültige Aus der lukrativen Perlentaucherei.

**1930** Der Zuzug indischer Händler macht Dubai zur größten Handelsstadt am Arabischen Golf.

**1932** In Sharjah wird der erste Flughafen eröffnet, die Vertragsküste zum internationalen Stopover.

**1940** Bewaffneter Konflikt zwischen Dubai und Sharjah.

**1946** In Dubai wird die erste Bank eröffnet.

**1958** Scheich Rashid bin Saeed Al Maktoum übernimmt das Herrscheramt. Unter seiner Regierung beginnt der Aufstieg der Stadt.

**1966** In Dubai wird das erste Öl gefunden, drei Jahre später beginnt der Export.

**1968** England kündigt seinen Rückzug aus allen Besitzungen »östlich von Suez« an. Das ist der Auslöser zur Gründung der Vereinigten Arabischen Emirate (VAE). Eine Volkszählung im gleichen Jahr ergibt eine Einwohnerzahl von 180 000 – in den gesamten Vertragsstaaten.

**1971** Die Emirate Abu Dhabi, Dubai, Sharjah, Ajman, Fujairah und Umm al-Quwain schließen sich im Dezember zu einer Föderation (VAE) zusammen, drei Monate später tritt auch Ras al-Khaimah bei.

**1981** Die VAE sind Gründungsmitglied des Golf-Kooperationsrates, eines wirtschaftlichen und militärischen Bündnisses der Golfanrainerstaaten Saudi-Arabien, Kuwait, Qatar, Bahrain, Oman und VAE.

**1983** Gründung des Dubai Duty Free am internationalen Flughafen.

**1985** Die Stadt Dubai gründet ihre eigene Fluggesellschaft Emirates Airlines.

**1988** Eröffnung des ersten Rasengolfplatzes in Dubai, auf dem internationale Wettkämpfe ausgetragen werden.

**1990** Scheich Maktoum bin Rashid Al Maktoum wird neuer Herrscher.

**1990/1991** Die VAE beteiligen sich mit Truppen an der Koalition zur Befreiung Kuwaits und gestatten die Stationierung alliierter Verbände in ihrem Land.

**1996** Im Nad al Sheba Club wird der erste Dubai World Cup, das höchst dotierte Pferderennen der Welt, ausgetragen.

**1997** Eine Volkszählung ergibt eine Einwohnerzahl von 674 000 – allein in Dubai. Davon sind 70 % Ausländer.

**November 2004** Tod des Gründervaters und Präsidenten der VAE, Sheikh Zayed bin Sultan al Nahyan, Nachfolger wird sein Sohn Khalifa bin Zayed.

**2005** Grundsteinlegung für den Burj Khalifa, das mit über 800 m höchste Gebäude der Erde.

**2006** Nach dem Tod von Scheich Maktoum folgt ihm sein jüngerer Bruder Mohammed auf dem Thron.

**2007** Im Emirat Abu Dhabi wird die größte Moschee des Landes, benannt nach Sheikh Zayed, eröffnet. Sie bietet Platz für 40 000 Gläubige.

**2010** Der Burj Khalifa, mit 828 m das höchste Bauwerk der Welt, wird eröffnet.

**2011** Der arabische Frühling ist auch in den Emiraten zu spüren, die Regierung erhöht Sozialausgaben und Pensionszahlungen. In Dubai werden wieder neue Bauprojekte verhandelt.

**2013** Am Flughafen wird Terminal 3 in Betrieb genommen. Als erste Stadt des Mittleren Ostens und Nordafrikas gewinnt Dubai die Ausschreibung zur Ausrichtung der EXPO 2020. Und das Sylvesterfeuerwerk 2013 wird als das größte ins Guiness Buch der Rekorde aufgenommen

**2014** Dubai kündigt den Bau der ersten Oper in den VAE an und führt unter der dem Namen »tourism dirham« eine Kurtaxe ein.

# Die Menschen

Bis 1965 waren Abu Dhabi und Dubai nur eine Ansammlung von Palmblatthütten, und es lebten noch nicht einmal 200 000 Menschen im Gesamtgebiet der heutigen Emirate. Ausländer gab es wenige, abgesehen von einer Handvoll englischer Militärberater, Kaufleute und Erdölsucher. Doch mit den 1966 einsetzenden Erdöl-Einnahmen sollte sich alles grundlegend ändern. Das Geld ermöglichte einen Wandel der Infrastruktur, aber es fehlte an Fachwissen und Arbeitskräften. Führungskräfte oder Techniker kamen aus Europa und den USA, leitende Angestellte, Lehrer und Ärzte aus arabischen Ländern und Indien, Taxifahrer, Bauarbeiter oder Hauspersonal aus Pakistan oder den Philippinen. Bis Mitte der 1990er-Jahre schnellte dann allein die Einwohnerzahl Dubais auf 674 000, 70 % davon waren Ausländer.

Mittlerweile liegt der Ausländeranteil bei etwa 85 %. Das Gros stellen billige Arbeitskräfte aus Indien oder Pakistan. Sie leben in eigenen Camps, haben wenig Rechte und kaum soziale Aufstiegsmöglichkeiten, und sie nehmen nicht am gesellschaftlichen Leben Dubais teil.

Kleine Pause am Karren – Lastenträger in Deira

Für westliche Fachkräfte in mittleren oder höheren Einkommensbereichen sieht es schon anders aus. Sie werden respektiert und haben großen Anteil an der Gestaltung gesellschaftlicher Ereignisse. Vor allem stellen sie ein nicht unbedeutendes Käuferpotential für die zahlreich entstehenden Luxusapartments dar, weshalb ihnen seit 2002 mit dem Erwerb einer Wohnung auch ein 99-jähriges Wohnrecht eingeräumt wird.

Natürlich gab es Befürchtungen wegen drohender Überfremdung. 1996 verwies man Hunderttausende von Gastarbeitern des Landes. Die Auswirkungen waren jedoch so gravierend – Hotels klagten über Personalmangel und auf den Baustellen kam es zu Verzögerungen –, dass die Aktion gestoppt wurde. Jetzt versucht man, durch verschärfte Einwanderungsbedingungen für Angehörige der Arbeitnehmer der steigenden Zahl Herr zu werden. So bedarf es der schriftlichen Genehmigung des Arbeitgebers und eines monatlichen Mindestlohns von 4000 Dirham, wenn z. B. die Ehefrau nach Dubai kommen möchte. Trotzdem sind die Emirate (insbesondere Dubai) aufgrund steuerrechtlicher Vorteile und des Arbeitsangebotes nach wie vor ein beliebtes Ziel ausländischer Arbeitnehmer.

Es mag überraschen, dass trotz des hohen Anteils von Gastarbeitern gut 13 000 Einheimische derzeit ohne Beschäftigung sind. Zum einen Teil liegt das an mangelhafter Ausbildung, zum anderen daran, dass viele Emiratis lieber auf einen komfortablen Job im öffentlichen Dienst warten. Dort endet der Arbeitstag bereits um 14 Uhr, das Gehalt ist überdurchschnittlich hoch und die Pension ist gesichert. All das bietet der Privatsektor nicht in diesem Maße.

Wie in den benachbarten Staaten der Golfregion versucht auch Dubai dem u. a. durch die sogenannte Emiratisierung entgegenzusteuern. Verschiedene Branchen werden dazu verpflichtet, einen bestimmten Prozentsatz an Einheimischen einzustellen.

Die Emirate sind ein Wohlfahrtsstaat, der sich die soziale Versorgung seiner eigenen Bevölkerung sehr viel kosten lässt: Witwen, Waisen, alte Menschen oder Behinderte erhalten finanzielle Unterstützung. Die medizinische Versorgung hat ein hohes Niveau und ist kostenlos, Wasser und Strom werden stark subventioniert. Studenten erhalten Stipendien im In- und Ausland, und jungen Ehepaaren wird der Start ins Familienleben durch großzügige Bereitstellung von Land und Wohnraum erleichtert.

## Stammes- gesellschaften

Die Stammesgesellschaft bestimmte mit ihren Traditionen, Sitten und Gebräuchen das tägliche Leben. Die Zugehörigkeit zu einer bestimmten Familie, einem Clan oder dem übergeordneten Stamm bestimmte einst, wer Freund und wer Feind war. Bei der Staatsgründung 1971 entschieden traditionelle Stammesgebiete über die Grenzziehung innerhalb der neuen Föderation. Die wichtigsten Stämme sind die hochangesehenen Bani Yas – einer Untersektion gehört die in Dubai herrschende Maktoum-Familie an – und die Qawasim. Letztere lebten früher vom

Emirater sind begeisterte Falkner

Seehandel und der Piraterie – heute kommen aus ihren Reihen die Emire in Sharjah und Ras al-Khaimah. In den Oasen des Landesinneren und den kleinen Küstenstädten lebte man von Dattelpalmen, importiertem Reis, Ziegen- und Kamelfleisch oder dem Fischfang. Die Beduinen der Bani Yas im Landesinneren waren mit ihren Herden ständig unterwegs auf der Suche nach frischen Weiden.

Inzwischen hat sich zwar ein Nationalgefühl in den Vereinigten Arabischen Emiraten entwickelt, dessen äußere Zeichen eine Flagge und die Nationalhymne sind, aber an den althergebrachten Stammesstrukturen hat sich nicht viel geändert. Das Leben wird nach wie vor von der Familientradition bestimmt. Und noch immer gilt das arabische Sprichwort: »Mein Bruder und ich gegen den Cousin, mein Cousin und ich gegen den Fremden«.

## Staat und Politik

Die Emirate Abu Dhabi und Dubai spielten bei der Gründung der Vereinigten Arabischen Emirate eine entscheidende Rolle. 1968 hatte England seinen Rückzug aus allen Besitzungen östlich von Suez angekündigt, und die Golfküste sah sich gezwungen, ihre politische Zukunft selbst zu gestalten. Zudem machte der mächtige Iran Gebietsansprüche auf Inseln im Arabischen Golf geltend, die zum Emirat Sharjah gehörten. Nach zähen Verhandlungen verkündeten die sieben Emirate Abu Dhabi, Dubai, Sharjah, Ajman, Umm al-Quwain, Ras al-Khaimah und Fujairah am 2. Dezember 1971 ihre Einigung – der neue Staat war gegründet.

Abu Dhabi, das flächenmäßig größte Emirat und aufgrund der größten Ölvorkommen auch das reichste, fungierte als Finanzier. Dubai, mit weniger Erdöl ausgestattet, aber schon damals wichtiger Warenumschlagplatz

SEITENBLICK

### Die herrschende Maktoum-Familie

Das Emirat Dubai wird seit seiner Gründung 1833 von der Dynastie der Al Maktoum regiert. Als politischer Gründervater gilt Scheich Saeed bin Maktoum (Regierungszeit 1912–58), der Dubai u. a. mittels geschickter Steuerpolitik durch die wirtschaftlich schwierigen Zeiten des frühen 20. Jhs. führte. Sein Sohn, Scheich Rashid bin Saeed Al Maktoum (1958–90) wird heute noch verehrt, denn unter seiner umsichtigen Ägide begann mit den Ölexporten der rasante wirtschaftliche Aufstieg Dubais. Offizieller Herrscher seit 2006 ist H. H. (His Highness) Scheich Mohammed bin Rashid Al Maktoum, der bereits unter dem Vorgänger als Drahtzieher des wirtschaftlichen Erfolges galt. Auch in der Politik der VAE spielt die Maktoum-Familie eine wichtige Rolle. Zwar stammt der erste Mann im Staat traditionell aus Abu Dhabi, doch mit dem Amt des Ministerpräsidenten und dem des Verteidigungsministers bekleiden die Maktoum weitere einflussreiche Posten.

entlang der arabischen Golfküste, übernahm die Rolle des Handelszentrums. Ihre wirtschaftliche Macht verhalf den Regenten beider Emirate zu bedeutendem politischen Einfluss, der bis heute anhält. So stellt die Familie Al Nahyan aus Abu Dhabi den heutigen Präsidenten, Scheich Khalifa bin Zayed, der stellvertretende Präsident stammt aus Dubais Al-Maktoum-Familie. Nur diese beiden haben ein Vetorecht im Obersten Rat, dem zentralen Regierungsorgan, das aus allen sieben Herrschern der Emirate besteht. Neben Präsident und Oberstem Rat entscheiden noch der Ministerrat und – allerdings nur in beratender Funktion – der Nationalrat über eine gemeinsame Außen- und Verteidigungspolitik sowie Belange in Gesundheits- und Wirtschaftsfragen.

Die Regenten des Landes lächeln von zahlreichen Plakaten

Einen Teil ihrer regionalen Souveränität haben die Emire behalten: Jedes Emirat hat seine eigene Verwaltung und seinen eigenen islamischen Gerichtshof, der im Familien- und Erbrecht nach den Grundsätzen der Sharia seine Urteile fällt, aber Straftaten hingegen nach einem modernen Gesetzbuch ahndet. Im Falle einer Berufung kann das Oberste Gericht in Abu Dhabi angerufen werden.

## Die Rolle der Frau

Auf den ersten Blick erscheint alles den europäischen Vorurteilen zu entsprechen. Die Frauen haben Kinder an der Hand, tragen ihre schwarzen Umhänge und Kopftücher – und in den Cafés leuchten hauptsächlich die weißen Gewänder der Männer. Doch dann entdeckt man eine Gruppe junger Mädchen an einem Tisch fröhlich beisammen sitzen, der schwarze Schal ist vom Scheitel gerutscht, die Abaya hängt offen über die Schultern. Nur äußerliche Veränderungen? Mitnichten! Über der Autobahn zwischen Abu Dhabi und Dubai prangte bereits im Frühjahr 2005 ein Banner, auf dem die Scheich-Zayed-Universität zu einem Symposium mit dem Thema »Women as global leaders« einlud. Viele Mädchen nutzen das große Angebot an Ausbildungsmöglichkeiten in praktischen Berufen oder an den Universitäten im In- und Ausland. Sie legen Wert auf eine Ausbildung, weshalb sich z.B. das Heiratsalter von 15 auf etwa 20 Jahre verschoben hat. Immer mehr Frau-

Familie in landestypischer Kleidung

en behaupten sich in ihren Berufen, werden Taxifahrerinnen (im Nachbarstaat Saudi-Arabien dürfen Frauen nicht mal ein eigenes Fahrzeug lenken!) und bekleiden seit Herbst 2004 sogar Ministerämter.

Dieses neue Auftreten der Frau sollte aber nicht gleichgesetzt werden mit einem Verlust der alten Werte oder dem Verzicht auf ihre traditionelle Rolle in der Familie. Nach wie vor werden der Frau die Versorgung der Kinder, die Kontaktpflege zu den weiblichen Verwandten und der Haushalt in die Hände gelegt. Viele ältere Frauen sind noch im Sinne der heute vielleicht als konservativ angesehenen Frauenrolle erzogen worden und geben diese Erziehung an ihre Töchter weiter. Es ist der Beginn einer Veränderung, die aber nicht zum Ziel hat, dem westlichen Vorbild vollumfänglich zu folgen.

## Kleidung

Der arabische Mann hat es einfach: Die weiße *dishdasha*, jenes weite, bis zu den Knöcheln reichende Gewand, kleidet ihn für jede Gelegenheit. Die *dishdasha* für den Alltag ist meist aus Baumwolle, zu besonderen Anlässen darf sie aus Seide sein. Auf dem Kopf sitzt eine weiße Kappe, die *gafija*, darüber tragen Männer ein meist weißes Tuch *(gutra)*, das von einer schwarzen Kordel *(agal)* gehalten wird. Der *agal* entwickelte sich übrigens aus dem Seil, mit dem man nachts den Kamelen die Füße zusammenband; um es tagsüber nicht zu verlieren, wickelte man es um den Kopf.

Die traditionelle Kleidung der Frau besteht aus einem knielangen Kleid *(kandoura)* mit passender Hose *(sirwal)*, die beide am Saum mit glitzernden Applikationen verziert sind. Zu dieser Kombination gehört ein farblich abgestimmtes Überkleid *(thoub)* aus luftigem Stoff. Geht eine Frau aus dem Haus, legt sie darüber einen schwarzen Umhang *(abaya)* und einen ebenfalls schwarzen Chiffonschleier *(gishwa)* an. Die spezielle Gesichtsmaske *(burqa)* sieht man selten in Dubai, sie wird hauptsächlich von Beduinenfrauen getragen. Ursprünglich diente sie als Sonnen- und Staubschutz, heute wird sie von Städterinnen als modisches Accessoire getragen.

## Religion

*In sha Allah* – »so Gott will«, das hört man auch in den Straßen von Dubai sehr oft. Die Emirate sind ein islamisches Land, in dem neben den beduinischen Traditionen wie der viel gerühmten Gastfreundschaft oder fast grenzenlosen Hilfsbereitschaft auch die Religion eine wichtige Rolle im täglichen Leben spielt. In Europa herrschen oft falsche Vorstellungen vom Islam, dessen Anhänger gern als aggressiv und intolerant darge-stellt werden. Dann aber wäre eine touristische Entwicklung hier wohl kaum denkbar gewesen. Den Emira-ti ist ihr Glauben wichtig, aber man ist nicht so starr wie z. B. im erzkon-servativen Nachbarland Saudi-Ara-bien. Andersgläubige können auf große Toleranz zählen. In allen Emiraten herrscht Religionsfreiheit, und man findet neben Moscheen auch Hindutempel und christliche Kirchen.

Wesentlicher Bestandteil des Le-bens ist die Befolgung der fünf Grundgebote, auch »die fünf Säu-len« genannt. Das beinhaltet, sich zum Islam zu bekennen und – so-weit möglich – fünfmal am Tag zu beten. Außerdem sollte der Gläubi-ge, sofern es seine finanziellen Mit-

Zur (Männer-)Kleidung gehören auch das Tuch *(gutra)* und die schwarze Kordel *(agal)*

tel zulassen, mindestens einmal im Leben nach Mekka pilgern, Almosen geben und im Monat Ramadan das Fastengebot einhalten.

## Der Prophet Mohammed

Im Alter von 30 Jahren empfing Mohammed seine erste Offenbarung, die er aus Furcht zunächst für sich behielt. Später erzählte er seiner Frau Khadija davon, die ihn ermutigte, an die Öffentlichkeit zu gehen. Das war gewagt, denn diese Offenbarungen bedeuteten eine soziale Revolution. Die dama-lige Gesellschaft kannte eine strenge Hierarchie – und plötzlich sollte vor diesem neuen Gott ein Sklave mit einem Stammesscheich ebenbürtig sein! Frauen bekamen Rechte zugesprochen, sollten u. a. erben dürfen. Wirt-schaftlich stellte die neue Lehre ebenfalls eine Bedrohung dar, denn die Kaaba in Mekka wurde von vielen Pilgern aufgesucht, die Geld in die Stadt brachten. Auch damit würde es vorbei sein, denn wer kannte schon den neuen Gott? Und sollten etwa alle Vorväter und Väter einem falschen Glau-ben aufgesessen sein? Schließlich wurde aus Spott blanker Hass, und Mo-hammed floh 622 n. Chr. mit seinen Anhängern nach Medina. Diese Flucht

Moschee in Fujairah

*(hijra)* markiert den Beginn der islamischen Zeitrechnung.

In Medina gewann Mohammed als Schlichter bald Vertrauen, Einfluss und Macht. So gestärkt, forderte er Mekka auf, seiner neuen Lehre zu folgen. Es kam zu bewaffneten Auseinandersetzungen, die er schließlich für sich entscheiden konnte. Kurz nach seinem Sieg und der Rückkehr nach Mekka verstarb der Prophet. Ein Streit über die Nachfolge entzweite die junge Gemeinde, es kam zu einer Spaltung, die sich bis heute in den beiden großen Glaubensrichtungen der Schiiten und Sunniten fortsetzt.

Zwar machte man schon zu Lebzeiten des Propheten Aufzeichnungen seiner Offenbarungen, doch erst nach seinem Tod wurden sie systematisch im Koran gesammelt. Daneben gelten die Berichte von Taten und Aussagen des Propheten *(hadithe)* als sehr wichtige Richtschnur für das Handeln der Muslime.

**SEITENBLICK**

## Moscheen: Betreten verboten

In der Türkei oder Ägypten stehen Moscheen als kulturelle Sehenswürdigkeiten auf dem Besichtigungsprogramm. In den Emiraten gibt es solche Moscheen nicht. Sie werden hierzulande fast ausschließlich als Orte des Gebets und der Besinnung genutzt. Für die Gläubigen soll daher eine angemessene Atmosphäre gewährleistet sein. Man fürchtet Störungen durch Besucherströme mit Gemurmel und Blitzlichtgewitter.

Die meisten Emiratis gehen tatsächlich nur zur Gebetszeit in die Moschee – sie befinden sich daher nach den vorgeschriebenen Waschungen im Zustand der rituellen Reinheit, die so von touristischen Besuchern nicht verlangt werden könnte.

Ausnahmen vom Besichtigungsverbot sind die neue Omar bin Khattab- und die Jumeirah-Moschee in Dubai › S. 109 sowie die Sheikh-Zayed-Moschee in Abu Dhabi › S. 137, die im Rahmen einer Führung besichtigt werden können.

# Natur & Umwelt

## Die Naturräume Dubais

Das Emirat Dubai besteht hauptsächlich aus kargen Küstenlandschaften, in denen bis zu Beginn des Baubooms nur wenige Gräser und vereinzelte Akazien gediehen. Wichtigste Pflanze war und ist die Dattelpalme. Im Süden der Stadt liegt ein schmaler Wüstengürtel, in dem Sand aus dem Leeren Viertel angeweht wurde. Der spärliche Bewuchs mit wenigen Büschen und langstieligen Gräsern mag für einen Europäer uninteressant wirken. Doch viele Emiratis der älteren Generation kennen die einzelnen Arten sehr genau, denn aus den Blüten und Blättern der verschiedenen Pflanzen gewannen sie früher ihre Medizin gegen Magen-, Kopf- oder Halsschmerzen. Aus der giftig-milchigen Flüssigkeit des Sodomsapfels wurde z. B. eine Art Rheumapaste hergestellt.

Nur wenige Kilometer südöstlich der Wüste erhebt sich das Hajar-Gebirge, Dubais Anteil an dieser spektakulären zerklüfteten Bergwelt beschränkt sich auf die relativ kleine Bergoase Hatta.

Diese unterschiedlichen Naturräume sind u. a. Heimat diverser Tiere, die man nur selten zu Gesicht bekommt: Die eher nachtaktiven Käfer, Eidechsen, Wüstenfüchse, Spinnen, Skorpione und Schlangen entgehen der Hitze des Tages. Andere wie der arabische Leopard, der Wolf und die Orxy-Antilope sind vom Aussterben bedroht.

Die Modernisierung und Industrialisierung am Golf zog Umweltprobleme mit sich. Die Regierungen der Emirate sind sich dessen durchaus bewusst und engagieren sich seit Jahren in Bereichen Klimaschutz und dem Erhalt bedrohter Tierarten. Bereits 1974 unterzeichneten die Emirate die »Internationale Konvention zum Schutz bedrohter Arten in Flora und Fauna«. Im Zoo von Al Ain werden z. B. Oryx-Antilopen gezüchtet, um sie später in ihrer ursprünglichen Umgebung auszuwildern. Viele Küstengebiete und das Sumpfland am Ende des Creek von Dubai wurden zu Vogelschutzgebieten erklärt, und in den Emiraten gilt ein strenges Jagdverbot. Anfang des Milleniums wurde für zehn Jahre eine Investitionssumme von 46 Millionen US$ für Umweltprojekte festgelegt.

Flamingos in Khor Dubai

Abu Dhabi und Dubai sind darüber hinaus Mitglied im World Wildlife Fund (WWF), und es gibt lokale Vereine, die sich um den Erhalt der Natur bemühen. Seit 1995 versucht auch der privat organisierte Umweltschutzverband EEG (Emirates Environmental Group) Dubais Bürgern dieses Thema ins Bewusstsein zu bringen. Mehr Infos zum Umweltschutz findet sich auf folgender Website: www.eeg-uae.org und www.emeg.ae.

## Großprojekte und ihre Folgen

Im Gegensatz dazu stehen massive Umweltzerstörungen durch Ölverschmutzung und die im Bau befindlichen oder geplanten Großprojekte. Im Frühjahr 2001 sank nur 30 km vor Dubais Küsten ein Öltanker, freiwillige Helfer reinigten wochenlang die Strände. Da das Baumaterial für die künstlichen Palmeninseln größtenteils vom Meeresboden abgesaugt wird, fürchten Umweltschützer, dass übermäßige Verschlammung die Korallenriffe und den natürlichen Lebensraum vieler Fische und seltener Schildkröten bedroht. Ob die von den Baumeistern angekündigten Gegenmaßnahmen, wie das Anlegen von künstlichen Korallenriffen, wirksam sind, wird sich zeigen.

## Lebenswichtiges Wasser

In keinem anderen Land der Erde steht der Verbrauch von Wasser in so krassem Gegensatz zu seinem natürlichen Vorkommen wie in Dubai. Schon zu Beginn der 1990er-Jahre war der Grundwasserspiegel Dubais durch Brunnenbohrungen so stark abgesunken, dass sich die Regierung zum Einschreiten gezwungen sah und strenge Auflagen zur Neuerschließung von Wasserquellen erließ.

Doch seitdem ist die Bevölkerungszahl stark angestiegen und eine wachsende Zahl neuer Hotels beherbergt eine wiederum steigende Zahl von Touristen. Jeder neue Golfplatz braucht sehr viel Wasser: im Durchschnitt 2,5 Millionen Liter Wasser täglich! Zwar handelt es sich hierbei um aufbereitetes Abwasser, doch muss man bedenken, dass nur 25 % des Süßwassers aus Grundwasservorräten gedeckt wird. Der Rest wird durch Meerwasserentsalzungsanlagen gewonnen.

Seit den 1970er-Jahren wurden die intensiv Energie verbrauchen-

### Ökologischer Fußabdruck

Darunter versteht man den Anteil der Erdoberfläche, der nötig ist, um den Lebensstandard eines Menschen dauerhaft zu ermöglichen. Dazu gehören nicht nur Getreidefelder, sondern auch Flächen zur Produktion von Kleidung, zur Bereitstellung von Energie und auch zur Müllentsorgung. Deutschlands ökologischer Fußabdruck misst z. B. ca 4,7 ha pro Person, ähnlich verhält es sich mit seinen europäischen Nachbarn. Dubai benötigt mehr als das doppelte: 11,9 ha pro Einwohner. Das übertrifft sogar den Anspruch der USA.

den Anlagen von Abu Dhabi und Dubai ständig erweitert, heute produzieren sie täglich etwa 450 Mio. Liter Trinkwasser. Das ist für den Moment zwar ausreichend, doch auch hier wird die Zukunft zeigen, wie Dubai mit mit dem Problem fertig wird. Derzeit hat Dubai einen Pro-Kopf-Verbrauch von 550 Litern Wasser pro Tag, in Deutschland sind es nur 130 Liter.

## Energieverbrauch

Die Gewinnung von Trinkwasser aus dem Meer ist nur unter hohem Energieaufwand möglich. Allein der Burj Khalifa benötigt täglich nur für die Kühlung eine Energiemenge, mit der man 10 000 Tonnen Eis schmelzen könnte.

Um seinen Energiebedarf abzudecken, baute Dubai u. a. ein neues 9000-Megawatt-Kraftwerk. Derzeit werden die meisten Kraftwerke in

Nur dank regelmäßiger Bewässerung gedeihen Blumen

den Emiraten mit Erdöl und -gas angetrieben. Angesichts schwindender Ressourcen sind solche Lösungen jedoch nicht zukunftsweisend. Deshalb haben die Emirate zwei neue Energiequellen erschlossen. Im März 2013 ging in Abu Dhabi mit *shams 1* (dt. Sonne 1) das erste Solarkraftwerk in Betrieb, und auch Dubai kündigte den Bau einer solchen Anlage an. Mit Südkorea schloss man einen besonderen Bauvertrag ab: Die Emirate setzen in Zukunft auch auf Atomstrom, bis 2020 sollen vier Reaktoren an der Grenze zu Saudi-Arabien errichtet werden.

# Kunst & Kultur

## Architektur

Früher lebten die meisten Menschen in einfachen Hütten aus Palmblättern *(areesh),* und nur lokale Scheichs sowie wohlhabende Händler und englische Kolonialbeamte wohnten in festen Häusern. Baumaterialien wie Holz oder Stein waren teure Mangelware, deshalb verwendete man Korallenstein und Gips. Für die Fundamente von Festungen und Wehrtürmen mussten

Felsbrocken mühselig von der Ostküste herangeschafft werden, die darauf errichteten Mauern bestanden aus luftgetrockneten Lehmziegeln. Die Moscheen in Dubai waren früher ebenfalls einfache Lehmbauten.

Die Grundgedanken und Baustoffe dieser traditionellen Bauweise sind mit dem Erdöl-Boom verlorengegangen. Heute kann man die alte Bauweise nur noch in den Heritage Villages im Bastakia-Viertel und in Shindagha sehen. Dubais Hauptaugenmerk liegt heute auf spektakulärer moderner Architektur. Beim Bau neuer Moscheen greifen die Bauherren jedoch gerne auf historische Stilelemente zurück – allerdings blicken sie dabei eher nach Persien oder in die Türkei.

## Musik und Tanz

Natürlich haben längst moderne HiFi-Anlagen die Autos und Zimmer der jugendlichen Emiratis erobert, aber an den Feiertagen nehmen auch sie an den traditionellen Tänzen und Gesängen teil. Früher wurde viel gesungen, um sich die harte Arbeit zu erleichtern. Jeder Beruf hatte seine eigenen Melodien und Rhythmen, die Fischer sangen beim Einholen der schweren Netze, die Bootsleute beim Hissen der Segel. Um bei den anstrengenden Kamelritten auf der Suche nach Weideland wach zu bleiben, hatten die Beduinen ihre speziellen Lieder. In den langen Nächten am Feuer wurden Stärke und Mut der Männer besungen, die Kraft und Ausdauer der Kamele und natürlich die Liebe.

Dubai bietet eine Überfülle an orientalischen Mitbringseln

Der *ayyalah* ist ein typischer Beduinentanz, der den Mut und die Einheit des Stammes zelebriert. Dabei stehen sich zwischen 25 und 200 Männer in zwei Reihen gegenüber, jeder einen *khazairan* (ein dünner Kamelreitstecken) in der Hand. Abwechselnd singen die Reihen und tanzen in kleinen Schritten aufeinander zu, dabei ahmen Oberkörper und Arme den wiegenden Schritt der Kamele nach. Ein anderer Tanz ist der *razha*, ein temporeicher Kriegstanz mit Schwertern, bei dem sich die Teilnehmer gegenseitig Mut zusprechen.

Eine besondere Gelegenheit für Musik und Tanz bieten große gesellschaftliche Ereignisse wie Hochzeiten, Geburten oder religiöse Feiertage. Voller Anmut ist z. B. der *na'ashat,* der während Eid al Adha am Ende des Pilgermonats oder Eid al Fitr am Ende des Ramadan aufgeführt wird. In Reihen angetretene junge Mädchen schwenken ihr hüftlanges dunkles Haar im Rhythmus der Musik. Während des Nationalfeiertages oder des vierwöchigen Dubai Shopping Festival können Besucher im Heritage Village in Shindagha › **S. 93** diese traditionelle Musik und die dazugehörigen Tänze erleben.

## Kunsthandwerk

Die islamische Welt ist bekannt für ihre reich verzierten Kunstschätze, opulente Ornamentik und vielfältiges Kunsthandwerk. Die Emirate haben in ihrer Geschichte aber wenig dazu beigetragen, was nicht weiter verwundert, denn die Länder waren arm, und den Bewohnern standen keine kostbaren Materialien zur Verfügung.

Viele Dinge, die Besuchern heute in den Souvenirläden angeboten werden – Teppiche, Wasserpfeifen, Silbertabletts oder Brokatstoffe –, haben ihre Ursprünge in Syrien, Marokko oder Persien und fanden ihren Weg erst ab den späten 1970er-Jahren nach Dubai.

Die kunsthandwerklichen Fähigkeiten in den VAE und Dubai beschränkten sich hauptsächlich auf die Herstellung von Gebrauchsgegenständen: Matten und Körbe flocht man aus den Blättern der Dattel- und Kokospalmen oder aus langblättrigen Gräsern der Bergtäler des Hajar-Gebirges. Aus dem Holz der Ghaf-Bäume (eine Akazienart) schnitzten die Frauen Tabletts und kleine Mörser, aus Ton wurden Trinkbecher, Wasserkrüge und Vorratsgefäße hergestellt.

Silber kam mit dem Maria-Theresia-Taler erst ab dem 18. Jh. als Zahlungsmittel im Kaffeehandel nach Südarabien. Wegen seines konstant hohen Silbergehaltes blieb er bis weit in die 1960er-Jahre als Währung erhalten. Speziell der Silberschmuck der Beduinen ist wegen seiner filigranen Verzierungen ein begehrtes Souvenir. In den Souks von Dubai gibt es eine große Auswahl an traditionellen Ringen. Für jeden Finger gibt es überlieferte Formen und Designs, die dem Kenner etwas über Herkunft und Stammeszugehörigkeit erzählen.

# Kamel- und Pferderennen

»Aus Wind ist das Pferd erschaffen und in seine Mähne das Glück eingeflochten.« Solcherlei poetische Lobpreisungen von Pferden sind auf der Arabischen Halbinsel häufig zu hören.

## Fliegende Hufe – fiebernde Zuschauer

Sobald im Oktober die Temperaturen sinken, beginnt die Rennsaison. Nach einem spektakulären Eröffnungsrennen werden bis in den April hinein wöchentlich Pferde- und Kamelrennen ausgetragen. Die Züchter, darunter besonders die herrschenden Familien, warten gespannt, wie ihre teuren, unglaublich gut gepflegten Champions abschneiden. Besucher können bei verschiedenen Wettbewerben Sach- und Geldpreise gewinnen.

Während bei den Kamelrennen nur Tiere aus arabischen Nachbarländern an den Start gehen, hat sich der Pferderennsport längst zu einem Ereignis mit internationaler Beteiligung entwickelt.

## Kamelrennen

Welch ein staubiges Durcheinander, bis alle an der Startlinie stehen, welch ein Gezerre an den Zügeln und Gebrüll! Ein quer über die Bahn gespanntes Seil soll verhindern, dass die nervösen Tiere zu früh losrennen. Zum Start sinkt das Seil auf den Boden, und die Helfer, die bis zum Schluss neben den Tieren stehen, springen fluchtartig zur Seite.

Unfälle, auch tödliche, belegen, dass dieser Sport wirklich gefährlich sein kann. Besonders umstritten war deshalb der Einsatz von Kinderjockeys, der inzwischen verboten ist. Heute sitzen kleine Roboter hinter dem Höcker, die per

Fernsteuerung entweder Anfeuerungsrufe von sich geben oder die Reitgerte schwingen.

Die hochgezüchteten Rennkamele (genauer: Dromedare) werden mit hartem Training und einer exklusiven Diät, die u. a. aus Eiern, Milch, Datteln und Alfalfagras besteht, auf die Saison vorbereitet. Neben Ruhm und Ehre bringt ein erfolgreiches Kamel seinem stolzen Besitzer viel Geld ein. Außer hohen Siegprämien pro Rennen winken dem Eigner Millionen Dollar, wenn er ein siegreiches Tier verkaufen kann.

Doch geht es bei den Rennen nicht nur ums Geld – es ist viel vom alten Flair der Beduinenwelt geblieben. Der Besuch eines Kamelrennens vermittelt immer noch einen guten Einblick in die Traditionen dieses urarabischen Sports.

## Pferderennen

Pferde, die auch in der Wüste für die Jagd unentbehrlich waren, spielen seit Urzeiten eine wichtige Rolle auf der Arabischen Halbinsel, und die Beduinen waren stolz auf die Stärke und Zähigkeit ihrer Herden.

Wie ein Schlag traf es die Araber, als in den 1930er-Jahren die Afrikanische Pferdeseuche beinahe den gesamten Bestand Arabiens auslöschte. Danach gehörte die Maktoum-Familie zu den ersten, die sich mit großem Engagement um eine neue Aufzucht bemühte.

Während der Saison von November bis März rennen die edlen Vierbeiner regelmäßig auf dem neuen **Meydan Racecourse** › S. 118.

- **Dubai Racing Club** [E4]
  Tel. 332 22 77
  www.emiratesracing.com und
  www.dubaiworldcup.com
- **DTCM** [G4]
  Airport Road | Al Fattan Plaza | Deira
  Tel. 60 05-555 59
  Flughafenbüro (24 Std. geöffnet):
  Tel. 224 52 52

## Der Dubai World Cup

Im Frühjahr sieht man so manche westliche Frau in Dubai mit einer großen Hutschachtel ein Einkaufszentrum verlassen, denn Ende März findet eines der wichtigsten gesellschaftlichen Ereignisse der Emirate statt: das höchstdotierte Pferderennen der Erde, der Dubai World Cup. Diesen Rennabend lässt sich niemand entgehen.

Für die Züchter geht es um internationalen Ruhm, Ehre und ein Preisgeld von satten sechs Millionen Dollar. Für die High Society steht das »Sehen und Gesehenwerden« im Vordergrund. Dennoch geht alles leger zu, auch wenn die königliche Familie anwesend ist.

Erwachsene reiten nur beim Training

# Feste & Veranstaltungen

In Dubai ist eigentlich immer etwas geboten, seien es Sportveranstaltungen mit internationaler Beteiligung, Konzerte oder Festivals. Das »Dubai Summer Surprises« soll in der heißen Jahreszeit Touristen anlocken – und natürlich auch die Emirati selbst.

## Festkalender

### Frühjahr

**Internationales Jazz Festival:** Das im Rahmen des Dubai Shopping Festival abgehaltene Musikertreffen zieht internationale Stars der Szene nach Dubai, und jedes Jahr melden sich mehr Musiker für die drei langen Nächte (www.chilloutproductions.com).

**Dubai World Cup:** Das höchstdotierte Pferderennen der Welt › **S. 79.**

**Dubai Tennis Open:** Im Frühjahr 2005 warben die Weltklassespieler André Agassi und Roger Federer für dieses Turnier, indem sie auf dem Hubschrauberlandeplatz des Burj al Arab in 200 m Höhe ein paar Bälle hin und her droschen. Die Balljungen warteten unten (www.dubaitennischampionships.com).

### Sommer

**Dubai Summer Surprises:** Um auch in den heißen Sommer-

monaten eine Attraktion zu bieten, wird noch ein Einkaufs-Happening, ähnlich dem Dubai Shopping Festival im Frühjahr, veranstaltet. Überflüssig zu sagen, dass es in den klimatisierten Hallen der Einkaufszentren stattfindet, die Preise so tief wie die Temperaturen sind und jede Menge Verlosungen teure Gewinne versprechen (www.dubai calendar.ae).

### Winter

**Internationales Filmfestival:** Das Festival fand im Dezember 2004 erstmals statt, war aber ein solcher Erfolg, dass die Organisatoren es zum jährlichen Event machten (www.dubaifilmfest.com).

**Dubai Shopping Festival:** Gold, Schmuck, Juwelen, Edelsteine, Silber, Designer-Kleidung, Elektroartikel wie Kameras, Mobiltelefone, GPS-Geräte –

---

**SEITENBLICK**

#### Zum Pferderennen

Donnerstag- oder Freitagabend zieht der Meydan Racecourse nicht nur Freunde des Pferderennsports an. Denn auch die Architektur ist absolut beeindruckend und lohnt allein deshalb schon einen Besuch; der Eintritt ist frei und es gibt reichlich Auswahl an Restaurants vom einfachen Imbiss bis zum Feinschmeckerlokal.

Gegen 18 Uhr steigt die Spannung auf der 60 000 Zuschauer fassenden Tribüne, denn mit einbrechender Dunkelheit wird die Rennbahn in Flutlicht getaucht und es beginnt das erste von sieben oder acht Rennen des Abends. Die Kleiderordnung ist »smart casual«, d. h. elegante Freizeitkleidung wird erwünscht.

• www.dubairacingclub.com oder www.meydan.ae › **S. 118**

Abu Dhabi Desert Challenge

all das ist während des Festivals deutlich günstiger als im Rest der Welt (dubaishoppingfestival.com). › S. 24
**Kitesurfing Tournament**: Jedes Jahr im März trifft sich die internationale Elite dieses Sports an der »kite beach« in Jumeirah (www.ducomaritime.com).

### Diverse Renntermine im Jahr

**Powerboot-Rennen:** Die schnellsten Boote tragen ihre Rennen wie bei der Formel-1 auf verschiedenen Strecken der Welt aus. Einmal im Jahr kommen sie auch nach Dubai, dann gibt es ein Sportspektakel mit Volksfeststimmung. Keine festen Termine, Informationen beim Dubai International Marine Club (Tel. 399 57 77, dimc.ae).
**Dhaurennen:** Es ist ein erhabener Anblick, eine Dhau unter vollem Segel an der Küste entlang gleiten zu sehen. Um so schöner, wenn bei einem Rennen gleich mehrere dahinziehen. Spannend ist die Ruderversion eines solchen Rennens, wenn sich bis zu 100 Mann auf einem Boot in die Riemen legen. Die Rennen finden übers Jahr verteilt statt, gute Chancen, ein solches Ereignis zu beobachten, hat man z. B. am Nationalfeiertag oder bei der Al Gaffal Regatta im Mai. (Dubai International Marine Club, Tel. 399 57 77 oder dimc.ae und dcb.ae).

**Dubai Desert Classic:** Die Elite der Spitzengolfer gibt sich ein Stelldichein und spielt auf traumhaft schönen Plätzen um sehr viel Geld. Keine festen Termine (Emirates Golf Federation, Tel. 295 22 77 oder dubaidesertclassic.com).
**AUH Desert Challenge:** Die Wüste ist Schauplatz diverser Wettrennen mit schnellen Autos, Motorrädern und schweren Lastwagen. Bei der Desert Challenge führt der für Mensch und Maschine anspruchsvolle und anstrengende Parcours durch die Dünen des Leeren Viertels und verlangt den Top-Fahrern ihr ganzes Können ab. Keine festen Termine (Tel. 296 11 22, www. abudhabidesertchallenge.com).

# Architektonische Gigantomanie

Bis zur Finanzkrise 2009 sah es so aus, als bildeten allein der Himmel und physikalische Gesetze die Grenzen für Dubais Bauboom. Nach einer durch die Krise verursachten Zwangspause wird heute wieder weitergeplant. Vielleicht nicht mehr ganz so laut wie früher, aber nicht weniger bescheiden: Das neue Riesenrad vor der Küste beispielsweise soll mit 210 m das höchste der Welt werden.

## Himmelsstürmer

Seit seiner Fertigstellung 2010 hält der **Burj Khalifa** › **S. 117**, mit 828 m und 189 Stockwerken den Rekord als höchstes Gebäude der Erde – der abgelöste Rekordhalter, der Taipeh Tower in Taiwan, erreicht gerade mal 508 m. Drei Gebäudesäulen, die in der zentralen Achse zusammengeführt sind, stützen sich gegenseitig. Doch nicht nur die Höhe, auch das Innere ist gut für Superlative: das höchste Hotel (Armani), die dritthöchste Aussichtsplattform (im 124. Stockwerk in 452 m Höhe) und die höchste bewohnte Etage der Welt (die 160.). Die von Giorgio Armani ausgestatteten Designerwohnungen kosteten im ersten Hype satte 20 000 US$ pro Quadratmeter.

Zu Füßen des Burj Khalifa erstreckt sich die **Neue Downtown,** die aus mehreren Wohn- und Freizeitvierteln besteht und – wenn alle Gebäude fertig sind – 750 000 Menschen aufnehmen kann.

Reichlich Platz zum Einkaufen bietet die **Dubai Mall** auf einer Million Quadratmetern › S. 51. Eingebettet in diese neue Stadt ist ein künstlicher See, der **Burj Khalifa Lake** mit einer kleiner Insel. Hier befindet sich der **Souk al Bahar** › S. 56, der durch eine Brücke mit der Dubai Mall verbunden ist.

Kein See ohne Springbrunnen – und dann bitte gleich den größten der Welt: Der **Dubai Fountain**  ist 275 m lang und schießt seine Fontänen bis zu 150 m in die Luft (der Genfer Jet d'eau schafft 140 m). Alle halbe Stunde kommen in einer einzigartigen Choreografie über 6500 Lichter und 25 Farbprojektoren für eine fantastische Lichtshow zum Einsatz. **50 Dinge** ⑧ › **S. 13**.

## Die Palmen- und die Weltinseln

Die Chinesische Mauer bekommt Konkurrenz. Vor Dubais Küste entstanden künstliche Rieseninseln in Palmenform, die angeblich vom Mond aus zu sehen sein sollen. Sie werden Dubais Küste, zusammen mit anderen Projekten, nicht nur um knapp 1000 km Küstenlinie verlängern, ihre Bebauung mit privaten Villen, Luxushotels und zahllosen Freizeitanlagen wie Tauch- und Wassersportklubs erweitern das touristische Angebot beträchtlich.

Die erste und kleinste dieser Inseln, **The Palm Jumeirah** › **S. 116**, ist bereits fertig und bewohnt. Die zweite, **The Palm Jebel Ali**, ist zwar aufgeschüttet, doch die Bebauung ist aufgrund der finanziellen Turbulenzen erst mal auf Eis gelegt. Diese sind auch der Grund, warum die ursprünglich geplante dritte große Insel »Deira« sehr viel kleiner und in nicht in Palmenform fertig gestellt werden soll. Bereits fertig ist **The World**, eine Darstellung des Globus, aufgeschüttet in Form von 300 kleinen Inseln. Auch hier hat die Finanzkrise die weitere Entwicklung vorerst verhindert, nur einige Eilande im Privatbesitz sind bebaut, aber schon gibt es Pläne für eine künstliche Nasswetteranlage mit Regen und Schnee für die Typischen Klimazonen von The World.

## Und dann …

Die dritte Ausbaustufe des bestehenden Flughafens war noch nicht abgeschlossen, da haben sich Dubais Stadtherren dazu entschlossen, einen ganz neuen Flughafen – fünfmal so groß wie London Heathrow – mit sechs Landebahnen und einer Kapazität von 160 Mio. Passagieren in den Wüstensand zu setzen. Im Juni 2010 wurde der **Al Maktoum International Airport** eröffnet – bis auf Weiteres werden die Flüge über den »alten« Dubai International Airport abgewickelt.

Blick von der Aussichtsterrasse des Burj Khalifa

Metro Sheikh Zayed Road

# TOP-TOUREN & SEHENS-WERTES

# BUR DUBAI

**Kleine Inspiration**

---

- **Sich bei Supreme Textile & Tailoring** in der Al Musalla Road ein Kleidungsstück maßschneidern lassen › S. 90
- **Die Ahnengalerie** der Maktoums im Sheikh Saeed al Maktoum House ansehen › S. 92
- **Den Tag auf der Dachterrasse** mit Blick auf den Creek im Restaurant Al Areesh ausklingen lassen › S. 93
- **Ein Bummel im Creekside Park**, wo einheimische Familien grillen, spazieren gehen oder picknicken › S. 94

**In der restaurierten Altstadt südlich des Creek kann man Vergangenheit und Zukunft der Metropole am Golf im direkten Nebeneinander erkunden.**

Sind heute moderne Wolkenkratzer, die beiderseits des **Creek** mehrere hundert Meter hoch aufragen, das Merkmal der Stadt, waren es früher die Windtürme (*barjeel*). Vor allem in **Bastakia** – ein Teil des südlich vom Creek gelegenen Altstadtviertels Bur Dubai – findet man heute zahlreiche historische Gebäude mit diesen charakteristischen Windtürmen. Hier kann man wunderbar bummeln und in Cafés eine Rast einlegen.

**Shindagha,** ganz im Osten am Eingang des Creek, grenzt an den Golf. Hier demonstriert die alte Residenz der Maktoums eindrucksvoll 300 Jahre Herrschaft über Dubai (heute das Museum Sheikh Saeed al Maktoum House). Zwischen diesen beiden Vierteln schlägt das Herz von Bur Dubai im **Souk,** an dessen Südende sich die **Große Moschee** erhebt.

Direkt an den Meeresarm angeschmiegt schließt sich weiter landeinwärts der bei den Einwohnern beliebte **Creekside Park** an. Der Creek war die Lebensader des alten Dubai. So erstreckt sich die Altstadt heute noch längs der beiden Uferseiten, und wie einst bieten die traditionellen Wassertaxis *(abras)* die beste Verbindung.

# Tour in Bur Dubai

## Spaziergang durch Bur Dubai

**Verlauf: Al-Fahidi-Festung** ›
**Dubai Museum** › **Große Moschee** ›
**Souk** › **Bayt al Wakeel** › **Sheikh Saeed al Maktoum House** ›
**Heritage & Diving Village**

**Karte:** Seite 90

**Dauer:** ca. 4–5 Std. zu Fuß
**Praktische Hinweise:**
- Per Shuttleservice Ihres Hotels oder mit dem Taxi fahren Sie zur Al-Fahidi-Festung.
- Wer die Tour zu einem Ganztagesprogramm ausbauen möchte, startet mit dem Frühstück im **Arabian Tea House** › **S. 48,** nimmt mittags einen Imbiss im Souk und lässt den Tag im **Al Areesh** in Shindaga an der Uferpromenade (Tel. 393 11 13, €€) ausklingen.

Gewürze im Old Souk in Bur Dubai

## Tour-Start:
## Bastakia-Viertel [e3]

Der Name des Viertels geht auf iranische Händler zurück, die sich hier Ende des 19. Jhs. niederließen und den neuen Stadtteil nach ihrer südpersischen Heimat benannten. Lange Zeit führte das Viertel ein Schattendasein, die Mauern aus Korallenstein und Lehm zerfielen. Ende der 1990er-Jahre startete die Regierung ein umfangreiches Sanierungsprogramm, um den völligen Verlust einer der letzten historischen Stadtteile zu verhindern. Es ist nicht nur für Touristen ein Anziehungspunkt, auch ältere Bewohner schlendern gern durch die restaurierten Gassen, **50 Dinge** ⑥ › S. 12. Als 1833 einige Bani Yas aus Abu Dhabi nach Dubai kamen, besetzten sie zunächst das schon 1787 erbaute Al-Fahidi-Fort. 60 Jahre war es Amtssitz der Maktoum-Familie, dann zog diese in einen neuen Palast um.

### Die kulturellen Schätze

**! Erst-klassig**

- Bunte Schaubilder mit Puppen, unterlegt mit Geräusch- und Geruchskulisse entführen Sie im **Dubai Museum** in die Vergangenheit › **rechts**
- Dem Stil eines alten Dorfes nachempfunden ist das **Heritage Village** in Shindagha. Nachmittags werden traditionelle Handwerkskünste vorgeführt › **S. 93**
- Das Heim eines Perlenhändlers, in dem heute das **Heritage House** in **Deira** untergebracht ist, belegt, dass man in Dubai auch früher schon eindrucksvolle Häuser baute › **S. 100**
- Wie ein Falke auf die Jagd vorbereitet wird, welche Beute er schlägt und mit welchem Lockruf er zu seinem Besitzer zurückkehrt, erfahren Sie bei der **Falkenshow vom Bab al Shams** › **S. 40**

### Dubai Museum 1 ⭐ [d4]

1971 wurde die Festung zum Museum umgestaltet: Küche, Wohn- und Schlafräume wurden mit den Dingen des täglichen Lebens dekoriert, alte Werkzeuge und Waffen herbeigeschafft. Bald stellte sich jedoch heraus, dass es zu wenig Platz bot, um alles auszustellen. Um die historische Festungsstruktur erhalten zu können, bekam das Fort einen Keller, in dem 1995 das komplett neu gestaltete moderne Nationalmuseum eröffnete. Es ist selbst für Museumsmuffel interessant: **!** Mit Hilfe multimedialer Technik unternimmt man eine Zeitreise in jene Tage als Dubai noch von Fischfang und Perlentauchen lebte. Toneffekte erwecken die nachgestellte Marktgasse zum Leben, lebensgroße Puppen stellen Fischer auf ihrem Boot dar, Beduinen vor ihrem Zelt und Frauen bei traditionellen Handarbeiten (Al Fahidi St., Sa–Do 8.30 bis 20.30 Uhr, Fr ab 14.30 Uhr).

Das große weiße Gebäude neben dem Fahidi-Fort ist der Amtssitz des Emirs von Dubai, **New Diwan,** dessen Eingang von zwei typischen

Das Dubai Museum in der Al-Fahidi-Festung ist auch etwas für Museumsmuffel

und mächtigen Windtürmen flankiert wird. Wer ein Windturm-Gebäude ansehen will, der besucht die **XVA-Galerie** in der Al Fahidi Street, eine der führenden Kunstgalerien der Region (einfach der Ausschilderung folgen; › **S. 55**). Bevor Sie sich zum Souk aufmachen, gönnen Sie sich eine Pause im nahe gelegenen Arabian Tea House.

### Die Große Moschee 2 [d3]
Auf dem Weg zum Souk passieren Sie die Große Moschee, die nur von außen bewundert werden kann. Sie ist bereits das dritte Gebetshaus an dieser zentralen Stelle. Unter dem Dach mit 54 Kuppeln finden 1200 Gläubige Platz, und das 70 m hohe Minarett ist – wer weiß, wie lange noch – das höchste der Stadt. Die Moschee liegt am Beginn der kleinen Ali Ibn Talib Street und diese führt Sie geradewegs in den Souk von Bur Dubai.

### Der Souk 3 [c3]
Als wichtiger Warenumschlagplatz hieß er früher einfach al Suq al Kabir, »Der Große Markt«, und obgleich er durch die modernen Einkaufszentren seiner Bedeutung längst enthoben ist, lohnt sich ein Bummel durch die restaurierten Gassen. Die früher mit Palmblättern bedeckten Sträßchen erhielten ein festes Holzdach, das in der Mittagshitze angenehm kühlen Schatten spendet. Die in regelmäßigen Abständen angebrachten Öffnungen lassen genug Licht ein und verleihen dem Markt sein spezifisches Flair. Dazu tragen auch die schweren dunklen Holztüren der kleinen Geschäfte bei, in denen heute vor allem Textilien verkauft werden. Prächtige Saris und weiche Paschmina- oder Kaschmirschals aus Indien leuchten in allen Farben, in den Läden stapeln sich Stoffballen feinster Qualität (Ali Ibn Talib St.).

In und um den Textilmarkt gibt es zahlreiche Schneiderstuben, in denen jedes erdenkliche Kleidungsstück nach ihren persönlichen Vorgaben innerhalb weniger Tage maßschneidert werden kann. Eine gute Adresse ist beispielsweise **Supreme Textile & Tailoring** in der Al Musalla Road, schräg gegenüber dem Museum (Tel. 352 63 07).

### Bayt al Wakeel  4 [c3]

Durch die Gassen des Souk gelangt man zum Ufer des Creek, wo sich das Bayt al Wakeel erhebt. Es wurde 1934 von Scheich Rashid bin Saeed Al Maktoum als Verwaltungsge-

bäude errichtet und diente unter anderem einmal dem Beauftragten *(wakeel)* einer englischen Seehandelsgesellschaft als Handelskontor. Heute ist dort ein schönes Café-Restaurant untergebracht. Serviert wird arabische Küche an einem der schönsten Plätze Dubais: auf einer hölzernen Terrasse, die über dem Creek schwebt. Die Fleischgerichte schmecken vorzüglich. Dazu bestellt man sich am besten einen knackigen Salat und zum Nachtisch einen frischen Mango- oder Avocado-Cocktail. Oder genießen Sie ganz traditionell eine Wasserpfeife und einen süßen Minztee. Auf

Alkohol müssen Sie hier verzichten (3A St., Tel. 353 05 30, tgl. 12 bis 24 Uhr, €€). Da das Bayt al Wakeel direkt am Wasser liegt, muss man, um nach Shindagha zu gelangen, wieder ein Stück zurück.

Die **Fahidi Street** unterscheidet sich wohltuend von den sonst so durchgestylten Einkaufsmeilen Dubais. Hier tummeln sich Emirati, Gastarbeiter und Touristen – die günstigen Angebote der zahlreichen Elektronikgeschäfte locken sie hierher.

Auf der Höhe des Ambassador Hotels biegt die Straße nach rechts ab zum Creek.

## Shindagha [a2–b1]

In den 1980er-Jahren begann der Verlust des historischen Bewusstseins in Dubai. Auf einer lang gezogenen Landzunge an der Mündung des Creek gelegen, diente das Viertel dem charismatischen Scheich Saeed Al Maktoum 1912 als Standort seiner damals neuen Residenz. ❗ Von diesem strategisch wichtigen Platz konnte der Scheich die ankommende Schiffe beobachten.

Doch nach seinem Tod 1958 und dem bald darauf einsetzenden Ölboom zogen die Bewohner fort, sein Sohn baute sich in Za'abel bei Jumeirah einen neuen Palast. Die al-

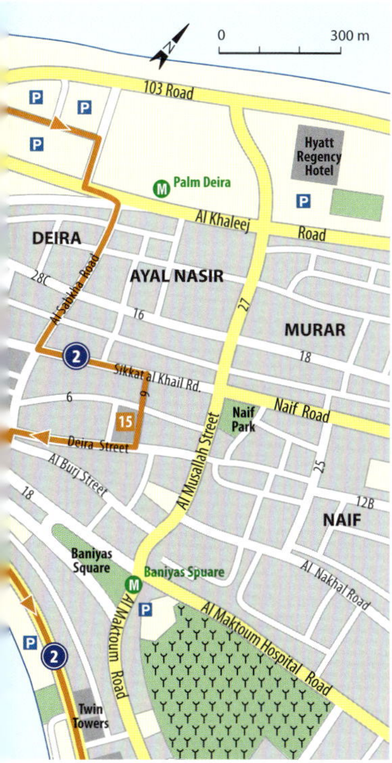

## Touren in Bur Dubai

### Tour ❶

**Spaziergang durch Bur Dubai**

1. Dubai Museum
2. Große Moschee
3. Souk
4. Bayt al Wakeel
5. House of Camel
6. House of Horse
7. Sheikh Saeed al Maktoum House
8. Heritage & Diving Village

### Tour ❷

**Spaziergang durch Deira**

9. Alter Souk
10. Gewürzmarkt
11. Ahmadiya-Schule
12. Heritage House
13. Goldmarkt
14. Fisch- und Gemüsemarkt
15. Naif Souk

Versäumen Sie nicht eine Fahrt mit einem *abra* – solange es sie noch gibt

ten Gebäude zerfielen und wurden abgerissen. Lediglich die Ruine der ehemaligen Residenz blieb unangetastet – bis sie 1986 restauriert wurde und den Auftakt bildete zum Wiederaufbau des ganzen Viertels.

### House of Camel 5 [b1] und House of Horse 6 [b1]

Obwohl man Kamele und Pferde eher mit dem Leben in der Wüste in Verbindung bringt, spielten sie auch in der Hafenstadt Dubai eine gewichtige Rolle. So wundert es nicht, dass sich neben der ehemaligen Residenz zwei kleine feine Museen befinden, die recht ausführlich über diese Tiere und deren Bedeutung in der Vergangenheit informieren (Al Khaleej Road, Sa–Do 8–20.30, Fr 16.30–21 Uhr).

### Sheikh Saeed al Maktoum House 7 ★ [b1]

Heute erstrahlt das Gebäude in neuem Glanz und beherbergt ein schö-

nes Museum. Hervorzuheben sind die vielen Schwarz-Weiß-Fotografien ehemaliger Herrscher und Aufnahmen von den staubigen Straßen aus den 1950er-Jahren – welch ein Kontrast zum heutigen Stadtbild! Alte Münzen, die ersten Geldscheine und seltene Briefmarken – darunter eine zum arabischen Muttertag – vervollständigen eine große Sammlung historischer Dokumente. Wer sich für arabische Architektur des vergangenen Jahrhunderts interessiert, findet in den mit authentischem Baumaterial hergerichteten Mauern interessante Details. Im Eingangsbereich gibt es einen kleinen Souvenirshop mit Postkarten (Al Khaleej Road, Sa bis Do 8–20.30 Uhr, Fr 16.30–21 Uhr).

Vor dem Haus verläuft die breite **Uferpromenade,** die bis zur Mündung des Creeks führt. Die Cafés und Restaurants an der Promenade sind besonders am späten Nachmittag mit Touristen und Einheimischen bevölkert. Für ein gutes Abendessen in schöner Atmosphäre empfiehlt sich das **Al Areesh** mit seiner schönen Dachterrasse › S. 87. Bei klassischen arabischen Grillgerichten genießt man zusätzlich den Blick über den Creek.

### Heritage & Diving Village 8 ⭐ [b1]

Ob Schmied, Kesselflicker, Weber, Korbflechter oder Töpfer – alle diese Berufe waren nach der Modernisierung nicht mehr gefragt. Damit ihre kunsthandwerklichen Fähigkeiten nicht vollständig verloren gehen, eröffnete 1979 das Heritage Village an der Mündung des Creek. **❗ Rund um einen weiten Innenhof, der von den typischen Steinhäusern mit den markanten Windtürmen der Vergangenheit gesäumt ist,** verkaufen Souvenirshops Wasserpfeifen und Teppiche mit dem Konterfei Scheich Mohammeds. In den Läden findet man nette Souvenirs, Ohrringe, Halsketten oder Ringe aus Silber mit traditionellen Beduinenmustern. Im weiten Hof stehen einfache Palmblatthütten nach historischem Vorbild eingerichtet, die gelegentlich von einheimischen Korbflechterinnen genutzt werden. Mit etwas Glück kann man ihnen bei ihrem traditionellen Handwerk zusehen und die Körbe, Matten oder Schals kaufen. Besonders gut ist die Chance während des Dubai Shopping Festivals › S. 24, 55. Dann geht es besonders lebhaft zu und es finden zahlreiche folkloristische Darbietungen statt. Abends ist mehr los, dann spazieren einheimische Familien über das Gelände, um im angrenzenden »Beduinenlager« mit Zelt und Lagerfeuer im aufgeschüttetem Sand von vergangenen Zeiten zu träumen oder eine Runde auf dem Kamel zu reiten. Das Veranstaltungsprogramm gibt's am Eingang oder bei der Touristeninformation, Tel. 223 00 00.

Die Bildergalerie im Sheik Saeed al Maktoum House ist beeindruckend

Wer im Heritage Village IN RUHE
FOTOGRAFIEREN möchte, sollte
vormittags hingehen.

Das nebenan gelegene **Diving Village**
widmet sich nicht nur der mari-
timen Vergangenheit Dubais. Zwar
steht sie in den meisten Ausstel-
lungsräumen im Vordergrund (u. a.
Perlenhandel, Schiffsmodelle),
doch in Halle 5 gleich links hinter
dem Eingang ist ein kleines Aquarium untergebracht. Auf Nachfrage
bekommen Touristen einen viertel-
stündigen Film über aktuelle Umweltprobleme z. B. durch den regen
Schiffsverkehr gezeigt. Im Eingangsbereich ist ein kleiner Souvenirshop, und in der hinteren
rechten Ecke befindet sich eine Be-
hindertentoilette (Al Khaleej Road,
beide Sa–Do 8–22 Uhr, Fr 8–11 und
16–22 Uhr, Eintritt frei).

# Parks und Gärten

## Creekside Park ⭐ [G3–G4]

Der zweitgrößte öffentliche Park
Dubais nach dem Mushrif Park liegt
der Al Riyadh St., am westlichen
Ufer des Creek südlich der Maktoum Bridge. Die riesige grüne Gar-
tenlandschaft ist bei den Einheimischen und bei Besuchern beliebt.
Besonders am arabischen Wochenende – Donnerstagnachmittag und
Freitag – füllt sich die hügelige Ra-
senlandschaft mit Emirati- und
Gastarbeiterfamilien, die hier ihr
Wochenende im Kreis der Lieben
gestalten. Unter Bäumen sitzen arabische Großfamilien aus bis zu vier
Generationen zusammen, um sie
herum Kühltaschen, Wasserpfeifen
und Spielzeug für die Kleinen. Nur
wenige Meter weiter kümmern sich
indische Väter liebevoll um ihre

Ein Wassersackflicker demonstriert im Heritage Village sein Können

Kinder und Jugendliche spielen Fußball. Am Creekufer gibt es kleine Strandabschnitte, die aber weniger zum Baden einladen, denn sie liegen direkt an der Promenade. Nur die Skyline in der Ferne erinnert an die nahe Stadt.

Der Park bietet eine Fülle an Freizeitmöglichkeiten: Grillplätze, Freilichttheater, abends beleuchtete Wege. Sportliche joggen auf ausgewiesenen Pfaden oder flitzen auf Rollschuhen oder Fahrrädern vorbei. Andere bewundern die vielen Arten an exotischen Bäumen und Pflanzen, die hier kultiviert werden.

In der Bimmelbahn durch den Creekside Park

Ein Highlight ist die 18-Loch-Minigolfanlage. Das andere – die Kabinenseilbahn, mit der man in 30 m Höhe über den 2,5 km langen Park gondeln und die Aussicht auf die Grünanlage und Dubai genießen kann (Erw. 25 Dh, Kinder 15 Dh). Gemächlicher geht es mit der Bimmelbahn »Park Train« zu den vielfältigen Erholungsbereichen. Wer es sportlicher bevorzugt, mietet sich ein überdachtes Tretvehikel am Eingang 2.

Ein Hauptrestaurant und zahlreiche Snackbars entlang der Bucht sichern die Versorgung der Parkgäste (Creekside Park: tgl. 8–23 Uhr, Eintritt 5 Dh).

### Children City

Für Kinder ist Creekside Park ein Paradies. In der Kinderstadt **Children City** in der Nähe von Eingang 8 im südlichen Bereich an der Riyadh Road können sie sich auf Spielplätzen und an vielen Spielgeräten austoben. Es gibt unzählige Spielmöglichkeiten für die Kleinen: ❗ Labyrinth, Lernspiele, Indoor-Spielhalle, interaktives Museum über die Erforschung des Weltraums, des menschlichen Körpers, Kulturen der Welt, Computer und Kommunikation. Täglich gibt es Geschichtenerzähler, Wettbewerbe und Theater (www.childrencity.ae, Sa–Do 9–21, Fr 15–21 Uhr, Erw. 15, Kinder 10 Dh).

### Culture Village [G4]

Südlich des Creekside Park wird das Culture Village gebaut, auf dessen Gelände nach der Fertigstellung neben Nobelherbergen, Wohnvierteln und den unvermeidlichen Shopping-Zentren – u. a. das Middle East Museum of Modern Art in einem futuristischen Neubau entstehen soll. In dem neuen, von traditioneller arabischer Architektur geprägten Viertel ist auch die Unterbringung unterschiedlicher Akademien, z. B. für Musik, Tanz und Bildhauerei geplant (Al Khail Road).

Ein traditioneller Windturm

### Windtürme

Ein denkbar einfaches Prinzip liegt diesen effektiven, in Persien entwickelten »Klimaanlagen« zugrunde. In einem quadratischen, zu allen Seiten offenem Turm auf dem Flachdach des Hauses, werden zwei diagonal verlaufende Tücher oder dünne Mauern eingezogen. Sie fangen noch den leisesten Windhauch ein und leiten ihn in das darunter liegende Zimmer – die warme Luft zieht auf der dem Wind abgewandten Seite hinaus. In der luxuriöseren Ausführung befindet sich in dem Raum unter dem *barjeel* (Windturm) noch ein kleines Wasserbecken für zusätzliche Kühlung.

Heute sind Windtürme nur noch architektonische Zierde.

## WonderLand Theme & Water Park [G4]

Südlich des Creekside Park schließt sich ein zweiter großer Themenpark an. Er unterteilt sich in zwei Bereiche: Im **Splashland** (tgl. 10–19 Uhr) haben Wasserratten jeden Alters auf den diversen Rutschen ihren Spaß. Das **WonderLand** dagegen wirkt wie ein großer Jahrmarkt. Riesentrampolin und -rutsche, Karussells, Autoscooter, verschiedene Achterbahnen und ein 3-D-Kino bieten Abwechslung. Der Park liegt im Viertel Umm Hurair, gleich neben der Garhoud-Brücke (Al Riyadh St., Tel. 324 32 22, www.wonderland uae.com, Sa–Do 10–22, Fr 12 bis 23 Uhr, Eintritt 125 Dh).

## Al Nasr Leisure Land [G3]

Kleiner und etwas weiter entfernt vom Creek liegt der älteste Freizeitpark Dubais. Seine Attraktionen sind schon etwas in die Jahre gekommen – aber das tut dem Spaß keinen Abbruch. Es gibt neben Restaurants ein großes Sportangebot: Squash, Tennis, Boxen, Bowling, Schwimmen und Eislaufen. Am ungewöhnlichsten dürften dem europäischen Besucher wohl Einheimische in weißer *dishdasha* vorkommen, die bei der Wärme Schlittschuhe laufen. Kinder lieben den Luna Park mit Spielplätzen, Go-Kart-Bahn, Wasserpark mit Rutschen und Achterbahn (hinter dem American Hospital, Oud Metha Rd., alnasrll.com, tgl. 9–23 Uhr, Eintritt 10 Dh für Erw., Kinder 5 Dh).

Die moderne National Bank am Creek

# DEIRA

## Kleine Inspiration

- **In das geschäftige Treiben** der Händler im Alten Souk eintauchen › S. 98
- **Sich über die Anfänge** von Dubais Schulwesen in der Al-Amadiaya-Schule, eins der schönsten historischen Gebäude in Dubai, informieren › S. 99
- **Am Creek** kann man den Männern beim Aus- und Beladen der alten Dhaus zuschauen › S. 101

Nördlich des Creek laden der Gewürzmarkt und vor allem auch der glitzernde Goldsouk zu einem ausgiebigen Bummel ein.

In Deira prallen Alt und Neu so direkt aufeinander, wie sonst nirgends in dieser Stadt. An den Kaianlagen der Baniyas Road liegen die alten Dhaus wie vor hundert Jahren. Sie warten darauf, ihre Ladung zu löschen, um dann mit Spaghetti für Somalia oder Lkws für Kenia ihre wochenlange Rückreise anzutreten. Nur ein paar Meter weiter recken ultramoderne Wolkenkratzer ihre Glasfassaden in den wolkenlosen Himmel.

Einige der vielen verwinkelten Gassen in Deiras altem Markt sollte man auf keinen Fall versäumen: Wenigstens einmal muss man die glänzenden Auslagen im Goldsouk bestaunen. Nehmen Sie sich für diese spannende Tour einen ganzen Tag Zeit. Besser ist es, in Ruhe zwei- oder dreimal wiederzukommen.

# Tour in Deira

## Spaziergang durch Deira

**Verlauf: Alter Souk › Gewürz-markt › Al Ahmadiya-Schule › Heritage House › Goldmarkt › Fisch-, Fleisch- und Gemüsemarkt › Naif Souk › Baniyas Road**

**Karte:** Seite 90
**Dauer:** etwa 5–6 Stunden zu Fuß
**Praktische Hinweise:**
• Per Shuttleservice Ihres Hotels oder mit dem Taxi erreichen Sie bequem den **Ausgangspunkt** am Alten Souk, der besonders am frühen Vormittag interessant ist.
Zu Fuß geht es weiter durch die Gassen. Für den kleinen Hunger zwischendurch gibt es *Shawarma* (= Döner)-Sandwiches oder eine Pause in einem der vielen kleinen indischen oder persischen Restau-rants.
• Der **Endpunkt** der Tagestour ist die Baniyas Road am Creek. Dort kann man den Abend im Apple Restau-rant genießen › S. 47. Zu den ver-streut liegenden Parks kommen Sie nur per Taxi.

## Tour-Start:
### Alter Souk 9 ★ [d2]

Als erstes sollte man den **Alten Souk** aufsuchen. Bereits am Eingang in der Baniyas Rd./Ecke Old Baladiya St. empfängt den Besucher am Vor-mittag ein eifriges Um-, Ab- und

Die Al-Ahmadiya-Schule – eines der schönsten historischen Gebäude

Verladen von Kisten, Kartons, Stoffballen oder gar Teppichen, denn viele der kleinen Gassen des Alten Souk sind zu schmal für Lieferwagen oder Autos. So werden die Waren vor dem Eingang auf die zweirädrigen Karren der Lastenträger gepackt. Die Ärmsten müssen sich schwer beladen ihren Weg durch die Menschenmenge bahnen.

## Gewürzmarkt 🔟 ⭐ [d2]

Nach nur wenigen Metern taucht man im Gewürzmarkt in die Welt der Düfte. Es duftet nach Cumin, Koriander, Zimt und Currymischungen. **50 Dinge** ㊱ › S. 16. Die Geschäfte reihen sich eng aneinander, in offenen Kisten liegen neben den Gewürzen auch Hennapulver, Myrrhe und Weihrauch. **50 Dinge** ㉝ › S. 15. Hobbyköche aufgepasst: Hier wird auch guter Safran aus Persien zu erschwinglichen Preisen gehandelt (Old Baladiya St.).

## Die Ahmadiya-Schule 11 ⭐ [c2]

Eines der schönsten historischen Gebäude Deiras ist die ehemalige **Al-Ahmadiya-Schule**, in der seit 1997 das Museum of Education die Anfänge von Dubais Schulwesen dokumentiert. Das untere Stockwerk

### Weihrauch

»Tränen der Götter« werden die Harztropfen genannt, denn bei der Gewinnung sickert das Baumharz langsam und zäh aus der angeritzten Rinde der Gattung *Boswellia* und bildet beim Trocknen tränengleiche Tropfen. Während der gesamten Antike blühte der Weihrauchhandel, das exotische Harz wurde mit Gold aufgewogen. Im Jemen, wo die berühmte Weihrauchstraße begann, trugen Zölle wesentlich zur Blüte des legendären Königreichs von Saba bei.

Säckeweise duftende Gewürze

wurde bereits 1912 errichtet, und die Schüler fanden in den elf Klassenzimmern um einen lichtdurchfluteten Innenhof ausreichend Platz. Statt auf Schiefertafeln schrieben sie auf den breiten Schulterblattknochen von Kamelen mit abwaschbarer Tinte. Neben Lesen, Schreiben und den Lehren des Korans, wurde an dieser ersten regulären Schule Dubais auch Geschichte, Mathematik und Astronomie gelehrt. Als die Schule in finanzielle Schwierigkeiten geriet, sprang die Maktoum-Familie ein. 1963 wurde das Gebäude für die über 800 Schüler zu klein, und man zog um.

Die Al Ahmadiya stand viele Jahre leer, und als sie zu verfallen drohte, ließ sie die Maktoum-Familie restaurieren (Al Ahmadiya St., Sa bis Do 8–9.30, Fr 14.30–19.30 Uhr, Eintritt frei).

## Heritage House 🗓 ⭐ [b1]

Mehr als nur einen Blick wert ist das an der Ahmadiya Street gelegene Heritage House. Gebaut wurde es 1890 als einfaches Lehmhaus mit nur zwei Zimmern, später erwarb es ein wohlhabender Perlenhändler. Er begann mit dem Ausbau des Anwesens, das seine Nachfolger durch Erweiterungen und ❗ eine prachtvolle Innenausstattung zu einem der schönsten Gebäude Dubais werden ließen.

Nach der aufwändigen Restaurierung beeindrucken die Torbögen des Innenhofes und die detailgetreu wiederhergestellten Deckenverzierungen. Lebensgroße Puppen veranschaulichen, wie die Räume genutzt wurden. Sehr sehenswert ist das Hochzeitszimmer mit dem festlich geschmückten Puppenbrautpaar (Sa–Do 8.30–20.30, Fr 14 bis 20.30 Uhr, Eintritt frei).

## Goldmarkt 🗓 ⭐ [d1]

Zurück in Richtung Old Baladiya Road und vorbei an Läden mit bunt bestickten Bauchtanzkostümen und weißen *dishdashas*, erreicht man den Eingang zur »Goldstadt«.

Drinnen glitzert und funkelt es einen aus den Schaufenstern entgegen. Armreifen, Halsketten, Ringe und sogar kleine Krönchen leuchten um die Wette › **S. 102**.

## Frauenmuseum [d1]

Liest oder hört man über die Geschichte Dubais, so kommen Frauen darin so gut wie gar nicht vor. Doch im »bait al banat«, dem »Haus der Töchter« werden nun auch ihre

Beiträge zur Gesellschaft und der Entwicklung der Stadt dargestellt (www.womenmuseumuae.com, Tel. 234 23 42, Sa–Do 10–19 Uhr, Eintritt 20 Dh).

## Die Märkte

Einen Abstecher wert ist der große **Fisch-, Fleisch- und Gemüsemarkt** 14 [G2–G3] in der Al Khaleej Road. Besonders am frühen Vormittag brechen die Tische fast zusammen unter den Bergen von Obst und Gemüse. Mitunter sieht man sogar einen großen Hai. **50 Dinge** ㉑ › S. 14.

Die **Sabkha Road** führt durch Deiras Gassengewirr bis zum Creek. Am Abend ist sie eine der quirligsten Gegenden der Stadt. Lastenträger mit ihren Karren, Familien mit ihren Kindern, Touristen mit Kameras – alle sind sie unterwegs im Lichtermeer aus Neonröhren und Schaufensterbeleuchtung. Etwa auf halber Strecke zweigt links die Sikkat al-Khail Road ab zum kleinen **Naif Souk** 15 [G3]. Hier locken v. a. günstige Damenbekleidung, Schuhe und Accessoires wie Handtaschen und Haarschmuck.

## Baniyas Road [b2–f2]

Beim Deira Post Office gelangt man an den Creek und zu den altehrwürdigen Dhaus, die heute noch mit Waren nach Afrika segeln. Richtung Osten geht es zu den Kais, wo sich Ballen und Kartons vor den eindrucksvollen Neubauten am Ufer des Creek stapeln. Die bläulich schimmernden Büro- und Wohntürme **Twin Towers** sind die neuen Wahrzeichen am Creek. Im west-

lichen Turm befindet sich in der dritten Etage das **Apple Restaurant** › S. 47. Noch etwas weiter erhebt sich das Ensemble aus Sheraton Hotel, Handelskammer und Nationalbank mit ihrer goldschimmernden, ein Segel symbolisierenden Fassade.

> **▮ Erst-**
> **▮ klassig**
>
> ### Die luxuriösesten Shoppingmalls
> ........................................................
>
> - Durch verspiegelte Glasscheiben strahlt die Sonne ins **Bur Juman Centre** und schafft eine fröhliche Atmosphäre für einen Bummel durch die 300 Geschäfte mit internationalen Designermarken. › S. 50
> - Die **Dubai Mall** ist »the place to shop« – zentral am Fuß des Burj Khalifa gelegen. Alle wichtigen Modemarken sind zu haben, das Unterhaltungsprogramm ist überwältigend, ebenso die Restaurantauswahl. › S. 51
> - Das antike Ägypten inspirierte zur Gestaltung der **Wafi City**, der ersten Shopping-Erlebniswelt Dubais. Bis heute ist sie eine besondere Adresse für Shoppingfans. › S. 52
> - **Mercato Mall** – klein aber fein mit »nur« 140 Outlets. Im bezaubernden italienische Flair macht das Shoppen richtig Spaß. › S. 54
> - Mit 130 Läden ist das Angebot in der **Marina Mall** im Yachthafen ebenfalls relativ überschaubar. Beliebt vor allem auch wegen der schönen Restaurants. › S. 54

SPECIAL

# Alles Gold, was glänzt

In einer unscheinbaren Gasse Deiras, der Sikkat al Khail Street, befindet sich der Goldsouk. Halsketten, Armreifen in Überfülle – die funkelnde Pracht in den Schaufenstern der 300 Goldhändler macht Eindruck: Hier ist sie – die City of Gold, **50 Dinge** ③ › S. 16.

## Am Anfang war der Schmuggel

Schwitzend saßen die Schmuggler Anfang der 1930er-Jahre neben ihren »Goldbooten« im Bauch einer Dhau und warteten darauf, kurz vor der indischen Küste ausgesetzt zu werden, um die wertvolle Fracht – Goldbarren – an Land zu bringen. Geladen hatten sie diese in Dubai. Nachdem dort die japanische Zuchtperlenindustrie der lukrativen Perlentaucherei ein Ende bereitet hatte, begann Dubai ganz legal mit einem weitaus erträglicheren Ge-

schäft: dem Goldhandel. Heute ist das Emirat einer der größten Goldimporteure weltweit: 10–15 % der Weltproduktion landen jährlich in Dubai, das sind gut 700 t.

Wer ein bisschen mehr über die Geschichte des Gold- und Diamantenhandels in Dubai wissen möchte, sollte sich das gleichnamige **Museum Gold & Diamond Park** in der Sheikh Zayed Road ansehen (Tel. 347 77 88, www.goldanddiamond park.com, Sa–Do 10–22, Fr 16 bis 22 Uhr). [C4]

## Glänzender Handel

Goldschmuck ist in Dubai günstig – sehr günstig. Erkundigen Sie sich nach dem Tagespreis für Gold, bevor Sie in ein Geschäft gehen. Die Händler berechnen den Preis nach Gewicht, und wer eigene Kenntnis mitbringt, hat Vorteile beim Handeln. Denn das gehört selbstverständlich dazu. Beobachten Sie am besten erst einmal die arabischen Frauen beim Einkaufen – sie sind wahre Meisterinnen des Feilschens. Sie legen immerhin durchaus beachtliche Summen auf den Ladentisch. Schließlich war und ist Schmuck bei der arabischen Bevölkerung schon immer auch Geldanlage und Zahlungsmittel. Der Brautpreis beispielsweise wird vom Bräutigam zum großen Teil in Schmuck überreicht. Aber keine Sorge – Sie müssen nicht gleich Großeinkäufe tätigen. Wer nur ein kleines Andenken an Dubais schillerndste Gasse mitnehmen möchte, bekommt schon ab 25 Euro eine schöne Halskette.

## Was darf's sein?

Europäisches Design hat sich erst in den letzten Jahren etablieren können, denn der Markt ist fest in indischer Hand. Das Gold wird in Schmuckfabriken – z. B. in Sharjah – von indischen Goldschmieden bearbeitet. Um ihrem Schmuckstück eine indivuelle Note zu verpassen, können Sie ihren Namen auf Arabisch oder in lateinischen Buchstaben eingravieren lassen. Diesen Service bieten mittlerweile fast alle Händler an.

Im Internet kann man sich vorab unter www.city-of-gold.com über das Angebot im Goldsouk informieren. Dort findet man auch die Geschäfte in den großen Einkaufszentren. Bei 838 Einträgen dürfte für jeden etwas zu finden sein. Da die Qualität der angebotenen Waren stichprobenartig von unabhän-

gigen Kontrolleuren überprüft wird, kann man beruhigt einkaufen gehen.

## Kleine Karatkunde

Als Karat bezeichnete man ursprünglich die getrockneten Samen des Johannisbrotbaumes. Wegen ihres konstanten Gewichtes wurden sie in Ostindien und den Mittelmeerländern zum Abwiegen von Gold und Diamanten verwendet. Da Gold meistens in Legierungen, d. h. in Verbindung mit anderen Metallen, auftritt, suchte man einen Weg, den Feingehalt dieser Goldlegierungen in Karat auszudrücken. Im Mittelalter benutzte man dafür die Kölnische Mark, die in 24 Teile geteilt werden konnte, und so legte man für Feingold – also eine Legierung mit dem höchsten Goldanteil – 24 Karat fest. Für tragbaren Goldschmuck sind aber die härteren 18 Karat die bessere Wahl.

Eingangstor zur »Dubai City of Gold«

Der Al Mamzar Beach Park ist bestens zum Baden geeignet, auch für Kinder

## Parks in Deira

### Al Mamzar Beach Park ⭐ [H3]

Der Park liegt auf einer lang gezogenen Halbinsel an der Grenze zwischen Dubai und dem Emirat Sharjah. Ins Meer ragende Wellenbrecher garantieren ruhiges Wasser. Unter der Woche ist der Park fast leer und man hat die Liegen für sich allein. Gepflegte Wege führen zur Mamzar-Lagune mit vier idyllischen Buchten. Am Wochenende sorgen die Vermieter von Jetski, Segelbooten und Surfbrettern für Abwechslung auf dem Wasser. Man kann tageweise für 200 Dh ein Strandchalet inkl. Grillplatz mieten, außerdem gibt es Swimmingpools, Kioske, Cafés und das Restaurant Happy Dolfin (Al Khaleej Road, So–Mi 8 bis 22 Uhr, Do–So 8–23 Uhr, Eintritt 5 Dh).

### Der Mushrif Park [H6]

Dieser größte Park Dubais liegt an der Al Khawaneej Rd., ca. 9 km östlich des Flughafens. Eine besondere Attraktion sind die **World Villages,** Miniatur-Nachbauten von Wohnhäusern aus der ganzen Welt. Die bei Kindern beliebte Bimmelbahn hält auch bei den Kamel- und Ponyställen. Die Schwimmbäder sind nach Geschlechtern getrennt, für Stärkung sorgt ein Restaurant (So bis Mi 8–22, Do–So 8–23 Uhr, Eintritt 2 Dh).

#### Dubai Festival City

Die moderne Ergänzung der Altstadt heißt Dubai Festival City. Über 3 km zieht sich diese neue Stadt in der Stadt am südlichen Ende Deiras den Creek entlang. Regelmäßig stattfindende Liveauftritte von Musikern und Comedians, eine riesige **Bowlinganlage,** ein **Kino** mit 12 Leinwänden und natürlich die **Einkaufsmöglichkeiten** in 600 Geschäften machen die Anziehungskraft von Festival City aus. Der **Canal Walk** entlang einer 400 Meter langen künstlichen Wasserstraße bietet zahlreiche Terrassencafés. In den **Trade Routes,** einem im lokalen Soukdesign gehaltenen Markt, werden nicht nur Souvenirjäger fündig, schließlich gibt es auch hier Gewürze und Gold zu kaufen – wie im alten Deira.

• Festival Boulevard | www.dubaifestivalcity.com [G4]

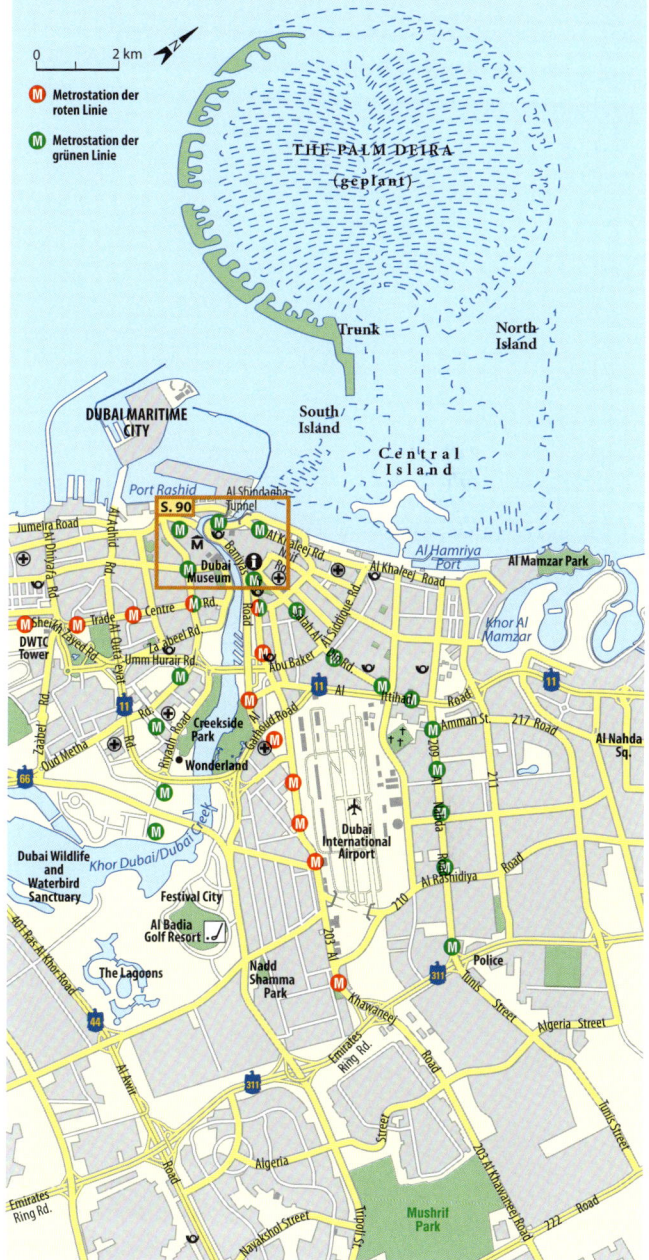

0    2 km

Ⓜ Metrostation der
    roten Linie

Ⓜ Metrostation der
    grünen Linie

THE PALM DEIRA
(geplant)

Trunk     North
      Island

DUBAI MARITIME
     CITY

South
Island

Central
Island

Port Rashid    Al Shindagha
S. 90     Tunnel

Jumeira Road

Al Dhuira Rd.

Al Khaleej Rd.

Al Hamriya
Port

Al Mamzar Park

Dubai
Museum

Al Khaleel Road

Trade   Centre

Zabeel Rd.

Khor Al
Mamzar

Sheikh Zayed Rd.

DWTC
Tower

Umm Hurair Rd.

Abu Baker

Al Ittihad Road

Al Ittihad

Al Nahda
Sq.

Oud Metha

Creekside
Park

Al Ittihad   Road

Amman St

217 Road

211

Wonderland

Khor Dubai/Dubai Creek

Dubai
International
Airport

Dubai Wildlife
and
Waterbird
Sanctuary

Al Rashidiya   Road

Festival City

Al Badia
Golf Resort

The Lagoons

Nadd
Shamma
Park

Police

Tunis   Street

Algeria   Street

Khawaneel

Emirates
Ring Rd.

Al Awir

Emirates   Ring Rd.

Algeria   Road

Najashbat Street

Tripoli St.

Mushrif
Park

Tunis Street

Al Khawaneel Road

# FREIZEIT-VIERTEL JUMEIRAH

**Kleine Inspiration**

- **Kunst genießen** im Dubai International Financial Centre › S. 112
- **Eine Führung** in der Al-Farooq-Omar-bin-Khattab-Moschee buchen und erleben › S. 115
- **Einen erlebnisreichen Nachmittag** mit der Familie im Wild Wadi Water Park verbringen › S. 115
- **In Madinat Jumeirah** ausgiebig shoppen und anschließend unter Palmen mittagessen › S. 116

**Die Highlights sind das Hotel Burj Al Arab und Burj Khalifa. Doch auch die schönen Strände, gepflegten Parks und exklusiven Shoppingmöglichkeiten machen das langgezogene Stadtviertel zum Touristenmagneten.**

Noch vor wenigen Jahrzehnten bestand Jumeirah nur aus ein paar Fischerhütten an einem kilometerlangen Sandstrand. Scheich Rashid bin Saeed al Maktoum hatte hier allerdings bereits 1955 seine Sommerresidenz errichten lassen. Nachdem die Petrodollars einen rasanten Aufschwung brachten, zogen Einheimische und westliche Gastarbeiter nach Jumeirah, und Mitte der 1990er-Jahre entdeckte auch der Tourismus das südlich des Stadtzentrums gelegene Viertel.

Heute streckt sich das moderne Wahrzeichen von Dubai hier in den Himmel: Der Burj al Arab – ein 7-Sterne-Hotel und inzwischen nur eines von vielen spektakulären Bauprojekten. Jumeirah ist mittlerweile viel zu groß, um es an einem Tag zu Fuß zu besichtigen.

Für einen ersten Überblick fährt man am besten an der 20 km langen Beach Road entlang. Zwischen einzelnen Wohnvierteln liegen immer wieder schöne Strandabschnitte und an der Straße locken viele kleine Restaurants, Einkaufszentren, Freizeitparks und Grünanlagen. Am östlichen Ende der Jumeirah Beach Road steht die Jumeirah-Moschee, die man besichtigen kann. Für eine Mittagspause ist die Dubai Marina ideal.

Blick auf Jumeirah

Die erste Palmeninsel vor Jumeirah ist fertig, mit dem Hotel Atlantis an ihrer Spitze und dem Blick auf die Küste von Dubai unbedingt einen Besuch wert. Nahe der Zufahrt auf die Palme liegt an der Küste Madinat Jumeirah mit Hotels, Souks, Restaurants und Musikkneipen.

Parallel zur Küste von Jumeirah verläuft landeinwärts die Sheikh Zayed Road. Für Freunde moderner Architektur gehört es zu den Höhepunkten, durch das Spalier der Wolkenkratzer zu fahren. An ihrem östlichen Ende streckt sich der Burj Khalifa – mit 828 m derzeit das höchste Gebäude der Erde – in den Himmel. Von dessen Aussichtsplattform sieht Dubai aus wie Legoland.

Zu seinen Füßen erstreckt sich die neue Downtown Dubai. Sie ist ähnlich Madinat Jumeirah eine neue Stadt in der Stadt. Zum Einkaufen bieten sich die Dubai Mall und der Souk al Bahar an, für ein gemütliches Abendessen hat man die Wahl unter vielfältigen Restaurants und genießt den Blick auf den künstlichen See mit seinen fantastischen Licht- und Wassershows.

Eine Alternative für den Abend ist auch Meydan City, ein Anfang 2010 fertiggestelltes Projekt, in dessen Zentrum das neue Pferderennstadion steht – mit großer Tribüne und teuren Restaurants.

Der 24 m hohe Wasserfall in der Dubai Mall

# Tour in Jumeirah

 **Jumeirah Beach und Sheikh Zayed Road**

**Verlauf: Jumeirah-Moschee ›
Jumeirah Beach Park › Safa Park ›
Majlis Ghorfat Umm Al Sheif ›
Wild Water Park › Madinat
Jumeirah › The Palm Jumeirah ›
Burj Khalifa › Meydan City ›
Downtown Dubai**

**Karte:** Seite 110
**Dauer:** Für den Schnelldurchgang
ein Tag, mit Besichtigungen mindestens zwei Tage.
**Praktische Hinweise:**
- Kostenlose Führung in der Moschee tgl. außer Fr um 10 Uhr, es

darf gefilmt und fotografiert wer-
den. Eine Anmeldung ist nicht
nötig, aber Sie sollten spätestens
um 9.45 Uhr anwesend sein. Bitte
angemessene Kleidung tragen.
- Danach geht es weiter zum Majlis
Ghorfat Umm Al Sheif, zur Madinat
Jumeirah, zur Dubai Marina, auf
die Palmeninsel und zu Dubais
neuestem Wahrzeichen, dem Burj
Khalifa.
- Wer mit dem Mietwagen unter-
wegs ist, muss für die Sheikh
Zayed Road Maut zahlen. Haben
Sie mehrere Tage Zeit, besuchen
Sie noch den Jumeirah Beach Park,
den Al Safa Park und den Wild
Wadi Water Park.
- Die letzte Eintrittskarte für die
Aussichtsplattform des Burj Khalifa
gibt es um 21.15 Uhr.

Südwestlich des Port Rashid, wo heute die Kreuzfahrtschiffe aus aller Herren Länder anlegen, ragt ein riesiger Fahnenmast in den Himmel, an dem die überdimensionale Fahne der Emirate weithin sichtbar den Weg ins Freizeitviertel Jumeirah weist. Hier beginnt die etwa 10 km lange palmengesäumte Küstenstraße, an der sich Sehenswürdigkeiten, Einkaufszentren, Strände und vor allem luxuriöse Badehotels reihen.

## Tour-Start: **Die Jumeirah-Moschee** `1` ⭐`6` [F3]

Nicht weit vom Fahnenmast entfernt steht in der Jumeirah Road einer der schönsten Bauten Dubais. Zunächst fallen die harmonischen Proportionen auf: Zwei schlanke Minarette bilden vor dem blauen Himmel einen dezenten Rahmen für die mächtige, aber nicht nach Dominanz heischende Kuppel. Die Moschee wurde zwischen 1975 und 1978 auf Veranlassung der Familie Maktoum gebaut – deren ernstes Anliegen es ist, dass kein Moslem in Dubai mehr als einen Kilometer laufen solle, um ein Gebetshaus zu erreichen. Den idealen Fotoblick hat man vom Parkplatz vor der Moschee – nach Sonnenuntergang bringt die künstliche Beleuchtung besondere Stimmung ins Bild.

Für den Bau verwendete man elfenbeinfarbigen Kalkstein, der die Moschee tagsüber im hellen Sonnenlicht weithin sichtbar erstrahlen lässt. Da die Emirate nicht auf eine eigene repräsentative Moscheenbautradition zurückgreifen konnten, ließ man sich von ausländi-

Die Jumeirah-Moschee gehört zu den schönsten Bauwerken in Dubai

schen Stilen inspirieren. So finden sich hier deutlich mamlukische Elemente nach ägyptischem Vorbild, was sich z. B. in der üppigen Dekoration von Fassade, Minarettschäften und Kuppel zeigt.

Diese Stilelemente setzen sich im Inneren fort. Dennoch überrascht das Innere durch Schlichtheit, wer ein prunkvolles Interieur erwartet hat, sieht sich enttäuscht. Das von Säulen getragene Kuppeldach über dem großen Innenraum ist überwiegend in matten Farben gehalten, lediglich der große Kronleuchter in der Mitte sorgt im Wortsinn für Glanz.

Die Jumeirah-Moschee kann nur im Rahmen einer Führung besichtigt werden. Das Scheich Moham-

**0**        **3 km**

Ⓜ Metrostation der
roten Linie

Ⓜ Metrostation der
grünen Linie

The World

A r a b i a n

← The Palm Jebel Ali

Atlantis
The Palm Hotel

The Palm Jumeirah

**9**

**3**

Burj
Al Arab
**7**

Jumeirah
Beach
Hotel

Al Sufouh Road   Dubai
Marina

**8**   **3**

**3**

Jumeirah     Road

Sheikh Zayed Ⓜ

Opera   Al Sufouh   Road

331
Road

310    Al Wasl   Road

**5**

Ⓜ Road

**11**

GOLF
COURSE

Emirates
Golf Club

Ⓜ

Umm

**3** Road

319

315

Ⓜ

**3**

Ⓜ **4** Sheikh   Zayed

Mall
of the
Emirates

Al Barshaa

Sudeim Road

Montgomery
Golf Course

Emirates Hill

Jebel Ali
Horse
Racecourse

323

318     Road

Jumeirah
Village South
Triangle

**44**

**44**

Jumeirah
Village South
Circle

Mohammed bin
Rashid City
(geplant)

Sports City
Future
Extension

**311**

Duai Miracle
Garden

D U B A I L A N D

Autodrome

CONSERVATION

(geplant)

Polo
World

A R E A

Emirates Ring Road

Arabian
Ranches
Golfplatz

Themed
Hotels
& Spa`s

(im Bau)

Gardens
of the
World

(im Bau)

The Farm
Restaurant

Kids
World

Bio
World

Global
Village

Emirates Ring Road

Al-Sahra Desert Resort

Falcon City
of Wonders
(im Bau)

↓ Bab al Shams

# Tour in Jumeirah

# Dubailand

## Tour ③

**Entlang der
Jumeirah Beach Road**

1. Jumeirah-Moschee
2. Dubai International Financial Center (DIFC)
3. Jumeirah Beach Park
4. Safa Park
5. Al-Farooq-Moschee
6. Majlis Ghorfat Umm Al Scheif
7. Wild Wadi Water Park
8. Madinat Jumeirah
9. The Palm Jumeirah

med Centre for Cultural Understanding (Tel. 353 66 66, www.cultures.ae) bemüht sich im Rahmen seiner Führungen um gegenseitiges Verständnis der Kulturen und Religionen, was hier durch Informationen zur Moschee und zum Islam gefördert werden soll. Es können Fragen gestellt werden, die – soweit es der zeitlich begrenzte Rahmen zulässt – ausführlich beantwortet werden. Es ist allerdings keine Führung im klassischen Sinn: Nachdem man sich umgesehen hat und die ersten Fotos gemacht sind, nimmt man im Zentrum des Gotteshauses Platz und bekommt Erklärungen zur Architektur und Erläuterungen zum Islam, **50 Dinge** ㉚ › S. 15.

## Zwischenstopp: Café

Wer den Moscheebesuch nachwirken lassen möchte, findet direkt gegenüber in der **Palm Strip Shopping Mall** ein nettes **Café** ❶ € [F3]. Von hier aus genießt einen tollen Blick auf die Moschee.

## DIFC – Musik, Design und Kunst ❷ ⭐ [F3]

Nicht nur Kunstliebhaber sollten einen kleinen Abstecher in das Dubai International Financial Center (DIFC) machen. Denn in der »Nähe des Geldes« befindet sich auch die größte Konzentration an interessanten Galerien › S. 54, die einen guten Einblick in die aufstrebende Kunstszene in den Emiraten vermitteln. Auch die XVA aus dem Bastakiaviertel hat hier eine Zweigniederlassung. Neben Künstlern aus den Emiraten und den Ländern des Mittleren Ostens stellen hier auch international anerkannte Maler und Fotografen ihre Werke aus. Um auf Ihre wechselnden Ausstellungen aufmerksam zu machen, veranstalten die im DIFC versammelten Galeristen und Kunsthändler »art nights« mit Livemusik, die auch die umliegenden Restaurants und Cafés einbinden (www.difc.ae, www.dubaicalendar.ae).

SEITENBLICK

### Strand- und Badevergnügen in Jumeirah

Die Strände am Golf sind der Hauptanziehungspunkt für Touristen, Einheimische und Gastarbeiter. An den Wochenenden findet sich nirgends mehr ein Parkplatz. An den Stränden ist es zwar voller als unter der Woche, aber selbst Spätaufsteher finden noch ein freies Plätzchen im Sand. Und auch das Café- und Restaurantpersonal hat am Wochenende noch ein Lächeln für die Gäste.

Der Sand scheint zwar überall gleich hell und fein zu sein, aber Strand ist nicht gleich Strand. Wer nicht in einem Hotel am Strand wohnt – kann mit Getränken und Sonnenschirm versorgt – sich an den **kostenlosen, öffentlichen Stränden** einen schönen Tag machen. ❗ An der Jumeirah Beach Road weisen kleine braune Hinweisschilder mit der weißen Aufschrift »open beach« den Weg. Allerdings gibt es dort kaum sanitäre Anlagen. Ein schöner öffentlicher Badeplatz befindet sich auf Höhe der Jumeirah-Moschee: Der Strandabschnitt ist lang genug für einen ausgedehnten Spaziergang und bietet einige schöne Privatvillen als Kulisse.

Ein wunderbarer Ort zum Relaxen – der Strand im Jumeirah Beach Park

## Jumeirah
## Beach Park 3 ⭐ [E3]

Einer der beliebtesten, weil schönsten Badeplätze macht schon von außen einen gepflegten Eindruck. Die Umfassungsmauer wird durch Hunderte roter und weißer Bougainvillea verdeckt. Bevor man hinter dem Eingang den Strand erreicht, breiten sich rechts und links der gepflasterten Wege sattgrüne Rasenflächen aus. Einheimische Familien lassen sich hier gern zum Picknick nieder, und am späten Nachmittag verströmen die fest installierten Grillplätze verführerische Düfte von Fisch und Fleischspießchen. Durch einen lang gestreckten Palmenhain betritt man schließlich den Strand, in dessen Mitte der Wachtturm des Bademeisters steht. Er passt von 8 Uhr morgens bis zum Sonnenuntergang auf (danach ist Baden verboten), dass niemand von der bisweilen starken Strömung hinausgezogen wird.

Am südlichen Ende des Strands gibt es auch ein kleines Café-Restaurant (So–Mi 8–22, Do–Sa/Fei 8 bis 23 Uhr, Eintritt 5 Dh, für Pkw 20 Dh, So, Mi nur Frauen und Jungen bis 4 Jahre).

**Die lokalen Guides warnen vor gelegentlichen STARKEN STRÖMUNGEN, die an der Küste auftreten und auch den geübten Schwimmer schnell ins offene Meer ziehen können. Seien Sie also vor allem an den Stränden, an denen es keine Rettungsschwimmer gibt, beim Schwimmen ganz besonders vorsichtig!**

Wer vor oder nach dem Strandbesuch Kaffeedurst verspürt, kann diesen in den Cafés entlang der Jumeirah Beach Road stillen.

**The Coffee Bean & Tea Leaf** ❷ € [E3]
Hier hat man sogar die Auswahl zwischen verschieden gerösteten Bohnen
und einer guten Kuchentheke.
• gegenüber dem Jumeirah Beach Park
  tgl. 8–22 Uhr

## Safa Park ❹ [E3]

Mit etwas Fantasie erinnert der Park
an Münchens Englischen Garten.
Die erholsame grüne Oase wird von
der viel befahrenen Sheikh Zayed
Road begrenzt – doch im Park
herrscht Stille, lediglich die Wolkenkratzer weisen auf die Stadt hin.

Gleich rechts vom Eingang liegen
die Spielplätze und ein einfaches
Restaurant bietet Erfrischungen
und Snacks an. Im Herzen des Parks
liegt ein kleiner See, dessen Seiten-
arm unter mehreren Brücken zu einem Wasserfall führt, den vor allem
die Enten mögen. Kleine Tretboote
mit Sonnendach verleiten zu einer
fröhlichen Wasserpartie. Die großzügig angelegten Blumenbeete setzen bunte Farbakzente. Wer verweilen möchte, findet unter Palmen
und Laubbäumen ein schattiges
Plätzchen. Am Südende des Parks
überrascht, etwas abseits der Haupt-
wege, ein kleiner arabischer Garten,
in dessen Mitte ein Springbrunnen
für eine angenehm kühle Atmosphäre sorgt (Al Wasl Road, tgl.
8–23 Uhr, Di nur Frauen und Kinder, Eintritt 3 Dh).

Von Oktober bis Mai findet jeden ersten Samstag im Monat von
8–15 Uhr ein Flohmarkt im Safa
Park statt. Zutritt ist an Tor 5, Besucher zahlen 3 Dh Eintritt, www.
dubai-fleamarket.com.

## Al-Farooq-Omar-bin-Khattab-Moschee ❺ [D3]

In der Nachbarschaft des Parks steht
seit Juli 2011 eine neue Moschee, die
angesichts der gigantischen Aus-

Ein kleines Juwel: das Majlis Ghorfat Umm Al Sheif

maße anderer Bauten fast bescheiden daher kommt und dennoch mit einigen außergewöhnlichen Details aufwartet. Benannt nach dem zweiten Khalifen Omar, auch »Al Farooq« genannt, ist sie die größte Moschee der Stadt, obwohl sie nur 2000 Gläubigen Platz bietet.

Neben ihrer 30 m hohen Kuppel ragen gleich vier bleistiftschlanke Minarette 70 m in den Himmel – so viele hat nur noch die Sheikh-Zayed-Moschee in Abu Dhabi. Außergewöhnlich ist auch der osmanische Baustil, der in Dubai so noch nicht vertreten war. Das architektonische Vorbild ist die berühmte Sultan-Ahmed-Moschee in Istanbul, besser bekannt als »Blaue Moschee«. Die Gebetshalle zeigt bunte Gipsstuckaturen, Gebetsnische und Wände sind mit farbigen Mosaiken verziert. Von der Decke hängt ein Messingkronleuchter mit einem Durchmesser von 7 m, der Teppich ist eine Sonderanfertigung aus Deutschland (35th St., www.alfarooqcentre. com, Tel. 394 44 76, Besuchszeit nur mit Führungen und Anmeldung, So–Do 10.30 und 16.30 Uhr).

Wasserspaß mit Aussicht im Wild Wadi Water Park

## Majlis Ghorfat Umm Al Sheif 6 [D3–E3]

Kaum beachtet führt dieses kleine Juwel ein Schattendasein. Nur wenige Besucher finden trotz guter Beschilderung (»Majlis Ghuraifah«) in die kleine Seitenstraße wenige Meter neben der Beach Road. Noch vor dem großen Bauboom hatte Scheich Rashid bin Saeed al Maktoum die Schönheit Jumeirahs entdeckt. Neben einer Süßwasserquelle ließ er

1955 im Schatten eines Palmenhaines ein kleines Haus mit überdachter Veranda errichten. Das Wort *Majlis* bedeutet »Empfangsraum«. Jedes traditionelle arabische Haus besitzt einen solchen öffentlichen Bereich, in dem Gäste begrüßt werden können, ohne die Privatsphäre der Familie zu stören. In den heißen Sommermonaten empfing Scheich Rashid seine Gäste und Untertanen gerne hier in seinem Sommerhäuschen (17th St., Sa–Do 8.30–20.30, Fr 14.30–20.30 Uhr).

## Wild Wadi Water Park 7 ⭐ [C3]

Gleich neben dem Jumeirah Beach Hotel liegt das »Wildwassertal«. 30 Attraktionen, darunter allein 23 verschiedene Wasserrutschen und zahlreiche Pools bereiten erfrischenden Spaß und Nervenkitzel für die ganze Familie, wenn auch der Eintritt dafür etwas teuer ist. Der Renner ist die 32 m hohe Rutsche Jumeirah Sceirah, auf der man angeblich ein Tempo von bis zu 80 km/h erreichen kann. Weitere Vergnügungen sind u. a. Wildwasserfahrten mit Schlauchboot und großen Schwimmreifen, ein Wellenbad, ferner Surfen auf künstlich erzeugten Stromschnellen mit Anleitung durch einen Surflehrer. Der Park ist liebevoll gestaltet – mit Felslandschaften, Schiffswracks und einer tollen Lichtshow am Abend (Jumeirah Rd., Tel. 348 44 44, www.wildwadi.com, tgl. 11 bis je nach Saison 18, 19 oder 20 Uhr, Erw. 295 Dh, Kinder 235 Dh, freier Eintritt für Gäste der Jumeirah Hotels).

**Zwischenstopp: Café**
**Japengo** ❸ € [C3]
Modernes Café-Bistro, serviert werden panasiatische Küche und Salate.
• Jumeirah Beach Rd | Tel. 345 49 79

## Madinat Jumeirah ❽ [C3]

Wie eine mächtige Stadt in der Stadt wirkt das 5-Sterne-Hotel-, Freizeit- und Geschäftszentrum, das 2004 am Jumeirah-Strand eröffnet wurde. Im Stil eines riesigen arabisches Palastes gebaut, wird der riesige Resort-Komplex von traditionellen Windtürmen überragt, die abends romantisch illuminiert werden. Die gesamte Anlage wird von 3,7 km langen idyllischen künstlichen Wasserstraßen durchzogen. *Abras* schippern die Gäste in ihre luxuriö-

sen Zimmer in den beiden Boutiquehotels Al Quasr und Mina A' Salam oder in eine der exklusiven Villas und Sommerhäuser. Oder zu Anlegestellen der Restaurants, von denen es hier und im angeschlossenen Souk über 40 gibt. In der nach historischen Vorbildern entworfenen Basarstraße mit überschaubaren 75 Läden gibt es hochwertiges Kunsthandwerk wie silberne dallas, bestickte Kissenbezüge, juwelenbesetzte Portemonnaies oder feinste Schals zu kaufen. **50 Dinge** ③① › **S. 15** (Jumeirah Rd., Tel. 366 88 88, www.madinatjumeirah.com, Souk und Restaurants tgl. 10–23 Uhr).

## The Palm Jumeirah ❾ ⭐ [B2–B3]

Im Herbst 2008 konnten die ersten Bewohner die Villlen und Apartments auf der Palmeninsel beziehen: Das künstlich im Meer unweit des Jumeirah Beach aufgeschüttete Eiland ist in Form einer Palme angelegt, auf jeder der 16 »Palmwedel« stehen Luxusvillen und Wohnblocks, die durch Schranken vor neugierigen Besuchern geschützt sind. Umgeben ist die »Palme« von einem 12 km langen, vor Sturmfluten schützenden Außenring, auf dem sich am meerseitigen Ende das **Atlantis The Palm Hotelresort** mit über 1500 Zimmern wie ein gigantisches Tor auftürmt › **S. 38**. An spektakulären Superlativen mangelt es nicht: 60 000 Palmen wurden auf der Insel gepflanzt. Eine Monorail verbindet die Insel und das Hotel mit dem Festland (25 Dh hin und zurück, Anbindung an die Metro voraussichtlich erst Ende 2015, Gratis-Shuttlebusverbindungen zur Monorail gibt es u. a. von der Ibn Battuta Mall, www.palm-monorail.com). Nichthotelgäste kommen allerdings nur bis in die Hotellobby bzw. in ein vorreserviertes Restaurant.

## Sheikh Zayed Road

Für den Rückweg zum Creek empfiehlt sich eine Fahrt entlang dieser vielspurigen Hautverkehrsader, an der sich die hypermodernen Wolkenkratzer wie z. B. der Emirates Tower in unterschiedlichsten Baustilen wie an einer Perlenkette reihen. Von der Palm Jumeirah kommend stößt man als erstes auf das Schneeparadies von Ski Dubai.

## Burj Khalifa ⭐ [E3]

Stolze 828 m hoch ist das derzeit höchste Gebäude der Erde › **S. 82**. Der Fahrstuhl katapultiert Besucher ohne Höhenangst mit einer Geschwindigkeit von bis zu 64 km/h in die 124. Etage zur **Aussichtsplattform**. Kein anderes Bauwerk der Welt verfügt über eine begehbare Terrasse in dieser Höhe (452 m). Wenige Tage nach der offiziellen Eröffnung im Januar 2010 nutzten die beiden Fallschirmspringer Nasr Al Niyadi und Omar Al Hegelan den Turm, um einen neuen Weltrekord im Basejump aufzustellen. Allerdings sprangen Sie nicht von der Terrasse, sondern von einem Kran aus 627 m Höhe in die Tiefe. Tickets

Madinat Jumeirah

Burj Khalifa: der höchste Turm der Welt

Empfehlenswert ist ein Besuch am Abend, wenn der Park beleuchtet ist und der **Dubai Fountain** seine prächtig illuminierten Fontänen in den Himmel schießt und zahlreiche Bistros, Cafés und Restaurants zum Verweilen einladen. **50 Dinge** ⑧ › S. 13.

## Meydan City ⭐ [E4]

Meydan City ist eines jener ehrgeizigen und prestigeträchtigen Projekte, die mit ihrer Architektur und Nutzung Dubais Traditionen in die Moderne tragen: ein visionärer Wohn-, Geschäfts- und Freizeit-Themenpark mit Luxushotels, der ganz im Zeichen des Pferdes steht. Die edlen Vierbeiner waren in der Vergangenheit ein Statussymbol und überlebenswichtig. In Meydan City ist den Rassepferden ein gigantisches Stadion und Rennbahn mit Zuchtstationen und Trainingseinrichtungen vom Feinsten gewidmet. Alljährlich wird hier der Dubai World Cup, das teuerste Pferderennen der Welt ausgetragen (www. dubaiworldcup.com) › S. 79.

Frühaufstehende Pferdeliebhaber können dienstags und mittwochs an der **Stalltour** teilnehmen. Das Programm beginnt um 8 Uhr mit einem Frühstück im Meydan Hotel, von 9.30 bis 11 Uhr folgt die Führung (Al Meydan Road, www. meydan.ae, Tel. 381 34 05, man muss kein Hotelgast sein). Sollte gerade kein Rennen stattfinden, kann man welche im Meydan IMAX-Kino verfolgen.

sind vor Ort teurer und man muss mit einer Wartezeit bis zu einem Tag rechnen. Günstiger ist eine On-line-Reservierung unter www.bur jkhalifa.ae. Die Plattform schließt um 22 Uhr, letzter Einlass ist 45 Minuten vorher. **50 Dinge** ② › S. 12.

Hat man wieder festen Boden unter den Füssen, lohnt sich ein Bummel durch den **Burj Khalifa Lake Park,** aber die angebotene Bootsfahrt wohl eher nicht – dazu ist der See zu klein. Wer radeln möchte, nutzt den neuen Service des Fahrradverleihs, unter www. bykystations.com/en/dubai/register kann man sich anmelden.

Das Autodrome in Dubailand

# DUBAILAND

**Kleine Inspiration**

---

- **Das bezaubernde Ambiente** und die gesunde, kreative Küche im Restaurant The Farm – eine idyllische grüne Oase in der Wüste – genießen › S. 121
- **Dubai Sport City** – die künftige Luxus-Themenwelt für Sportbegeisterte und jetzt schon Austragungsort für Weltklasse-Sportevents – auf sich wirken lassen › S. 123
- **Eine Runde Golf** in der herrlichen Landschaft des 18-Loch-Golfplatzes The Dunes spielen › S. 123

Tausendundeine Nacht im 21. Jahrhundert oder Über-
morgenland für Groß und Klein? In Dubailand werden
Visionen vom grenzenlosen Freizeitvergnügen real.

Als während der Krise Gelder für futuristische Großprojekte zu versiegen drohten, war keine Region so stark betroffen wie Dubailand. Was sollte auf dem 180 km² großen Wüstengebiet außerhalb der Stadt neben diversen Wohngebieten alles entstehen? Riesige Freizeit- und Themenparks: Lebensgroße Dinosaurier sollten durch die Dschungelwelt des Jurassic Park laufen, eine Schnee- und Eiswelt inklusive Iglus und Pinguinen arktische Gefühle aufkommen lassen, zahlreiche Museen mit Ausstellungen über Umwelt, Fliegerei oder Evolution nach modernsten Konzepten Wissen vermitteln und mit dem Beautyland eine 270 Millionen US$ teure Wellnesslandschaft entstehen.

Die meisten Projekte liegen seit langem auf Eis und die Pinguine müssen sich mit der Halle von Ski Dubai begnügen. Aber nicht alles fiel dem Rotstift zum Opfer, einige Bauvorhaben wurden – manche bis dato allerdings nur zum Teil – realisiert.

Dazu gehören u. a. das neue Stadtviertel Falcon City of Wonders. In der edlen Villengegend Al Barari eröffnete mit The Farm eines der wenigen Restaurants, die Speisen aus ökologischen Lebensmitteln servieren. Motorsportfans kommen im Autodrome voll auf ihre Kosten, sehr viel ruhiger aber dafür umso fantasievoller geht es in den Miracle Gardens zu.

Mittlerweile hat die Wirtschaft des Emirates wieder zu einem normalen Rhythmus gefunden, und es werden neue Pläne geschmiedet. Aus Kostengründen sind sie nicht mehr ganz so hochtrabend. Die Investitionssumme der alten Plänen schätzte man immerhin auf insgesamt 60 Milliarden US$. Darüber hinaus setzte in den letzten Jahren auch ein Umdenken in Sachen Nachhaltigkeit, Energieeffizienz und Umwelt ein.

Dennoch wird man in Zukunft sicherlich die ein oder andere Überraschung in Dubailand erleben können – denn »klein« wird hier so schnell nicht gedacht.

Im Global Village

# Unterwegs im Übermorgenland

## Visionäre Freizeitwelt

### Das Autodrome ⭐ [B5–C5]

Die meisten Attraktionen im Dubailand sind noch Zukunftsmusik,
doch im Autodrome brummen die
Motoren bereits. Eine Formel-1-
taugliche Autorennstrecke passt in
die Stadt der Superlative, auch wenn
die großen Rennen in Bahrain und
Abu Dhabi stattfinden. Scheich
Maktoum bin Hashem Al Maktoum
rief kurzerhand den *A1 Grand Prix
of Nations* ins Leben. Dieser ver-
spricht Spannung, denn hier soll
nicht hochgezüchtete Technik entscheiden, sondern das Geschick des
Fahrers. Deshalb werden alle Teilnehmer in den gleichen Autos sitzen. Im Gegensatz zur Formel 1 tre-
ten daher nicht verschiedene
Rennställe gegeneinander an, sondern Nationen. Rund 40 Mio. US$
Preisgeld sollen in den kommenden
Jahren investiert werden (Sheikh
Mohammed Bin Zayed Rd. – E311,
Termine: Tel. 367 87 00 oder www.
dubaiautodrome.com).

**!** Man kann im Autodrome
auch selbst ein paar Runden drehen,
und zwar unter Anleitung. Dafür
steht die Race & Driving School zur
Verfügung. Die hat zwar keine For-
mel-1-Boliden, dafür aber schnelle
Tourenwagen. **50 Dinge** ③ › S. 12.
Für den Nachwuchs (ab 7 J.) gibt es
eine technisch anspruchsvolle Gokartbahn mit vielen Schikanen.

## Das Geheimnis der Wüste

Inmitten einer 400 ha weiten Wüstenlandschaft mit sanft geschwun-
genen Dünen erhebt sich die neue
»alte« Stadt **Al Sahra**: Das edle Resort wurde ganz im traditionellen
Baustil orientalischer Wüstenstädte
erbaut. In ihren Mauern werden
verschiedenste Aktivitäten angeboten: Im arabischen Kunst- und
Handwerkermarkt – der eine reichhaltige Auswahl an traditionellem
Geschmeide anbietet – werden Sil-
berschmiedekurse angeboten, bei
denen man unter fachkundiger Anleitung eigene Werke anfertigen
kann. Eher sportlich ambitionierte
Gäste können sich auch im Bogen-
schießen üben oder einen Ausflug
in die Dünen unternehmen, zu Fuß,
vielleicht auch auf einem stolzen

**SEITENBLICK**

Dubailand ist keine reine Touristen-
attraktion, denn zu seinem Bauplan
gehören auch luxuriöse Wohnein-
heiten. Für Dubais Touristen interessant sind die darin integrierten Inno-
vationen. Im Luxusviertel **Al Barari**
am Rande von Dubailand beispielsweise bietet das Restaurant **The
Farm** in einem hinreißenden Ambiente eine Auswahl an Biogerichten, die
kaum einen Wunsch offen lässt: Von
vegan und vegetarisch über Rohkost
bis hin zu kohlenhydratarmen Speisen. An Wochenenden sollte man für
die Teestunde reservieren.

Araberhengst oder noch urspüng-licher – auf einem althergebrachten Wüstenschiff, einem Dromedar (Dubai–Al Ain Road; Exit 29 Dubailand, www.dubailand.ae).

## Global Village ★ [D6]

Früher wurde diese Mischung aus Jahrmarkt, Basar und Vergnü-gungsmeile nur anlässlich des Dubai Shopping Festival in einer Zelt-stadt eröffnet, doch seit 2005 fand er eine permanente Bleibe auf dem Areal von Dubailand. Aus den Zelten sind feste Pavillons geworden, die die Kultur des jeweiligen Landes präsentieren. Das Areal wird von einem künstlichen Kanal durchzo-gen. Geblieben ist allein die saiso-nale Öffnungszeit. Denn das Global Village öffnet seine Pforten nur zwi-schen Oktober und April und meist erst am Spätnachmittag (Sheikh Mohammed Bin Zayed Road – E311, www.globalvillage.ae, Sa–Mi 16–24, Do/Fr bis 1 Uhr). Dann präsentie-ren Kulturen aus aller Welt ihre Spe-zialitäten, Musikshows und traditi-onelle Tänze werden aufgeführt, Zirkuseinlagen wie die »menschli-che Kanonenkugel« gezeigt, und natürlich darf ein Feuerwerk nicht fehlen.

## Sport mit Stil

In Dubailand wird man in Zukunft nicht nur nobel wohnen oder dinie-ren können, auch diverse Sport-arten sollen hier etabliert werden, sei es, damit man sich selbst fit hält

Kulturen aus aller Welt präsentieren im Cultural Village Tänze und Musikshows

oder Weltklasseathleten zusieht. Egal ob aktiv oder passiv, Sporten-thusiasten sollten sich die Adresse der **Dubai Sports City** merken (E311).

In Europa weniger populär, in Indien und Pakistan jedoch Volks-sport ist **Cricket**. Daher gehört auch ein modernes Cricketstadion zur Sport City. Dort werden regelmäßig Spiele ausgetragen und der Nach-wuchs trainiert.

Für die Zukunft sind der Bau ei-nes reinen **Fußballstadions** und ei-ner Multifunktionssporthalle ge-plant. Übrigens, die Sportstadt dient seit 2011 auch als »Austragungsort« eines ganz anderen Events: im Herbst findet das bayrische Okto-berfest statt, mit original Bratwürs-ten, Bier, Musik und Tanz.

Die Maktoum-Familie gehört zu den erfolgreichsten Pferdezüchtern, so darf der **Reitsport** natürlich kei-

### SEITENBLICK

### Golfsport in Dubailand
Bei Golfern aus aller Welt gehört die Stadt mit ihren erstklassigen Plätzen bereits heute zu einer der beliebtes-ten Destinationen. Kein Wunder, denn einige Parcours wurden von Welt-klassespielern entworfen wie z. B. der 18-Loch-Parcour **The Dunes** von Ernie Els. Der von Tiger Woods geplante Platz wird vorerst nicht realisiert. Wer von einer Karriere als Profispieler träumt, kann sich in der **Butch Harmon School of Golf** anmelden. Mr. Harmon ist nicht irgendwer – er gilt als einer der besten Golflehrer überhaupt.

nesfalls fehlen. Neben dem Equestrian Centre im Al Sahra Hotel (Tel. 427 40 55) bietet vor allem der Dubai Polo & Equestrian Club eine gute Gelegenheit zum Reiten. Auf dem Klubgelände befindet sich auch ein gepflegtes Restaurant. Ein besonderes Erlebnis dürfte ein Polospiel sein, bei dem die Reiter nicht auf Pferden sondern auf Kamelen sitzen (Tel. 361 81 11, www.polo clubdubai.com).

Für das Jahr 2015 ist die Einweihung einer neuen Arena geplant, die sich einem Weltsport widmet: dem Fußball. Vier vollklimatisierte Hallenplätze werden mit Tribünen und künstlichem Rasen den Anforderungen der FIFA genügen. Und lassen wir uns überraschen, was bis 2022 noch passiert, denn dann soll die WM eigentlich in Qatar ausgerichtet werden.

**! Erst-klassig**

## Die schönsten Vergnügungsparks

• Im beliebten **Aquaventure Park** im Garten des **Atlantis The Palm Hotels** › S. 38 können sich auch Nichthotelgäste vergnügen: Es locken Erlebnisrutschen, Nervenkitzel im Haifischbecken, schwimmende Kletterwände und viele weitere Attraktionen (Tageskarte 250 Dh).
• Der **Creekside Park** ist eine gelungene Mischung aus großzügiger Parkanlage und vielen interessanten Attraktionen wie das Museum Children City. › **S. 94/95**
• Einer der ersten Wasserparks ist **Wild Wadi Water Park** mit 23 Rutschen. Dort kann man in 32 m Höhe starten und bis zu 80 km/h schnell werden. › **S. 115**
• Im **Global Village**, ein riesiger Jahrmarkt der Kulturen der Welt, genießt man Liveshows, kulinarische Spezialitäten aus vielen Ländern, Shoppingvergnügen und typische Jahrmarktattraktionen › **S. 123**

## Falcon City of Wonders [D6]

Die Falkenstadt der Wunder wird kein Freiluftgehege für stolze Raubvögel, vielmehr zeichnet dieses aus mehreren Wohnvierteln und Freizeitbereichen bestehende Projekt aus der Luft betrachtet die Umrisse eines Falken mit angelegten Flügeln in den Wüstensand. Und die Wunder? Der ursprüngliche Plan sah vor, epochale Bauwunder aus der ganzen Welt hier als Replik zu versammeln. Dazu sollte der Eiffelturm von Paris ebenso gehören wie das römische Kolosseum, die Chinesische Mauer und das Taj Mahal. Auch an Weltwunder der Antike hatten die Bauherren gedacht: den Leuchtturm von Alexandria und die hängenden Gärten von Babylon, sogar die Cheops-Pyramide von Giza – diese sollte allerdings ein wenig kleiner ausfallen als das Original – dafür in Glas und bewohnbar. Was davon realisiert wird, bleibt abzuwarten, aber die ersten Verträge sind unterzeichnet – Wunder dauern manchmal eben etwas länger.

Flamingos in Khor Dubai

Aufmerksame Leser fragen sich sicherlich, wo die zukünftigen Bewohner der Falkenstadt einkaufen werden? Natürlich bekommt die Falcon City of Wonders ihr eigenes Shopping-Mega-Event-Zentrum, **Mall of Arabia** wird das Schmuckstück heißen. Geplant sind vier Etagen mit Platz für über 1000 Geschäfte, Kinokomplex und einer ägyptisch-pharaonisch inspirierten Architektur.

## Dubai Miracle Gardens ★ [C5]

Eine Superlative der ganz anderen Art ist der am Valentinstag 2013 eröffnete Wundergarten nahe den Arabian Ranches: Mit rund 45 Millionen Blumen ist es der größte künstlich angelegte Garten der Welt. Ein Rekord, der auch vom Guinnessbuch anerkannt wird. Auf 72 000 m² verteilt, formten die Architekten der Firma Akar – die in den Emiraten auch für viele andere Grünanlagen und Parks verantwortlich zeichnen – Sterne, Herzen,

### Vogelschutz in Dubai

Man glaubt es kaum, aber mitten im Bauboom von Dubai gibt es ein richtiges Vogelschutzgebiet. Es liegt am südöstlichen Ende des Khor Dubai – und nicht nur Ornithologen haben in den letzten Jahren vor allem auf die rosa Flamingos geschaut, die hier je nach Jahreszeit zu Hunderten im seichten Wasser stehen. Als Überraschung auch für die Fachleute haben sich einige der Vögel sogar dafür entschieden, hier zu brüten. Neben den Langbeinern sind Soqotra Kormoran, Rennvogel und die vom Aussterben bedrohten Reiherläufer und Hinduracken zu entdecken. Einen Farbtupfer setzten die Smaragdspinte (Familie der Bienenfresser).

Auf dem Weg aus dem Stadtzentrum Richtung Dubailand kommt man am Ende der Oud Metha Road am Vogelschutzgebiet vorbei. Von einer Beobachtungsplattform hat man einen schönen Blick. Fernglas mitnehmen!

Pyramiden, Vögel und Bogengän-
ge – alles aus Blumen. Na gut, fast
alles. Aber einen Mercedes Benz als
Blumenvase sieht man eben nicht
allerorten, ebenso wenig wie eine
1000 m lange Wand aus Blumen.
Zur Bewässerung ließen die Architekten mehrere Kilometer Schlauch
unter der Erde verlegen, durch die
permanent aufbereitetes Brauch-
wasser gepumpt wird.

Wer die insgesamt rund 4 km
langen Spazierwege durch diese
arabisch bunte Gartenschau nicht
zu Fuß zurücklegen möchte, der
mietet sich ein elektrisches Vehikel.

Noch ist die Anlage nicht ganz
fertig, einige Restaurants und Geschäfte sollen noch hinzukommen
(Ecke Umm Suqeim Road – E 311,
Nov.–Mai, tgl. 9–22 Uhr, Do, Fr, Fei
bis 23 Uhr, www.dubaimiraclegar
den.com, 30 Dh).

## Mohammed bin Rashid City [D4–E5]

Dass sich Dubai langsam wieder zu
alter Form aufschwingt, zeigt die
Ankündigung eines weiteren gigantischen Projektes am nördlichen
Rand von Dubailand, an der Al
Khail Road: der Mohammed bin
Rashid City (MRC). Diese neue
»Stadt in der Stadt«, wie sie Scheich
Maktoum bei der Vorstellung im
November 2012 nannte, ist Teil des
neuen Entwicklungsplanes, der bis
2030 umgesetzt werden soll. Die
MRC wird aus vier Komponenten
bestehen und neben einem Wohn-
und Geschäftsviertel auch neue
touristische Anziehungspunkte beinhalten. Dazu gehören ein Freizeitpark, der um ein Drittel größer als
der Londoner Hydepark ausfallen
wird und ein Themenpark, der in
Kooperation mit den Universal
Filmstudios entsteht. Zudem rund
7 km Lagunen und künstliche
Strände, Golfplätze, ein 35 ha großer Wasserpark und eine »Kultur-
brücke« zur Downtown Dubai, auf
der zahlreiche neue Galerien untergebracht werden sollen. Das Tüpfel-
chen auf dem »i« wird das größte
Shoppingcenter der Welt, die **Mall
of the World,** sein. Bis 2016 ist die
Fertigstellung des ersten Abschnitts,
des »District One«, vorgesehen.

---

**! Erst-
. klassig**

### Gratis entdecken

...............................................

- **Ankommende Schiffe beobachten:** Von der Landzunge Shindaga in Dubai aus hat man einen
  tollen Blick über den pulsieren-
  den Creek. › **S. 91**
- Von den **öffentlichen Stränden**
  in Jumeirah aus den Sonnenuntergang mit Blick auf den Burj al
  Arab auf sich wirken lassen.
  › **S. 112**
- Vom **Turm der Marina Mall,**
  eine der größten Shopping Malls
  in **Abu Dhabi,** die Skyline der
  City inspizieren. › **S. 140**
- Wüstennarren sei **der Blick** von
  der Aussichtsplattform des **Jebel
  Hafeet** empfohlen, besonders
  schön im warmen Licht der untergehenden Sonne. › **S. 145**

Blick über Hatta auf das Hajar-Gebirge

# AUSFLÜGE & EXTRA-TOUREN

**Kleine Inspiration**

- **Die Bergoase Hatta,** das Idyll in der Wüste, bestaunen › S. 128
- **In Fujairah und an der Ostküste** die ausgezeichneten Tauchreviere ergründen › S. 131
- **In Sharjah** Museen und bunte Märkte besuchen › S. 132
- **Abu Dhabi** der Fazination schneller Autos, Falken und imposanter Moscheen erliegen › S. 136
- **Al Ains** reiche Vergangenheit erkunden › S. 141
- **In der Rub al Khali** – dem Leeren Viertel – sich vom Wüstensand und den Dünen bezaubern lassen › S. 145

# Ausflüge

## Zur Bergoase Hatta

**Verlauf: Dubai › Hatta-Düne › Hatta › Dubai**

**Karte:** Seite 130
**Dauer:** 1 Tag
**Praktische Hinweise:**
- Etwa 100 km von Dubai entfernt liegt die kleine Oase Hatta.
- Die Fahrt dorthin dauert ca. 1 Std.

### Hatta-Düne ⭐

Für den Weg nach Hatta auf der E44 braucht man keinen Geländewagen. Auf halber Strecke zur Oase kommt man an einem herrlichen Wüstengebiet vorbei. Bei einer Rast am Straßenrand kann man direkt in die rotgelb schimmernden Dünen laufen. Es ist allerdings nicht mehr die unberührte, zivilisationsfreie Wüste, die man hier vorfindet.

Am Fuß der großen Sandberge hat sich eine neue Sportart etabliert: Mit kleinen Allradflitzern düsen die Liebhaber der neuen Funsportart *dune bashing* selbst steile Dünen hinauf. Fehlende Einführung und zweifelhafte Wartung machen das Ganze allerdings zu einem nicht ganz ungefährlichen Vergnügen. Es kommt immer wieder zu Unfällen. Prellungen und Knochenbrüche sind selbst bei einem Sturz im weichen Sand keine Seltenheit. Am Wochenende ist besonders viel los, aber es gibt ausreichend Quadbikes. Wer es probieren möchte, bekommt z. B. bei **Al Qudra Motor Cycle Rental** die kleinen Geschosse (30 Min. für 100 Dh, Tel. 050-631 19 92).

Wer tiefer in dieses wunderschöne Dünengebiet eindringen möchte, kann bei Agenturen nach

Auf kleinen Allradflitzern gehts in einer Sandwolke über die Dünen

einem Ausflug im Four-wheel-drive fragen.

Auf dem Weg nach Hatta liegt kurz hinter der Stadtgrenze in dem kleinen Ort **Al Awir** eine der größten Kamelfarmen der Emirate. Rund 1600 Tiere sind hier in weitläufigen Gehegen untergebracht. Es gibt zwar keine offiziellen Führungen, aber allein der Anblick so vieler Dromedare lohnt den Abstecher.

## Hatta **1** ⭐

Die **Bergoase** liegt umgeben von sattgrünen Palmen auf ca. 1000 m Höhe am Rand des Hajar-Gebirges und ist wegen des angenehmen Klimas auch bei den Dubai'in sehr beliebt. Viele Einheimische haben hier ein Wochenendhäuschen.

Wichtigste Sehenswürdigkeiten von Hatta sind die **Festung**, die älteste des Emirates, und das dazu gehörige **Heritage Village**. Es entstand aus den verfallenen Ruinen des ursprünglichen Dorfes, dessen Häuser heute durch liebevoll nachgestellte Alltagsszenen das harte Leben der Bergbewohner beleuchten. Durch die rekonstruierten Bewässerungskanäle (arab. *falaj*) fließt

Die Hatta Pools

heute noch Wasser in die nahe gelegenen Palmengärten. Vom Heritage Village ist eine Piste zu den **Hatta Pools** ausgeschildert, die irgendwann asphaltiert werden soll. Diese Pools, große runde Löcher im Bodengestein, sind durch Erosion entstanden, und selbst nach langen Trockenperioden ist meist noch ausreichend Wasser für ein Bad vorhanden.

**SEITENBLICK**

### Unterwegs in den Emiraten

Die Distanzen innerhalb der Emirate sind nicht besonders groß. Die größeren Städte wie Abu Dhabi oder Al Ain liegen nur 140 km von Dubais Stadtgrenzen entfernt. Die Autobahnen im Land sind mehrspurig und in gutem Zustand, sodass die genannten Ausflüge alle bequem an einem Tag durchgeführt werden können. Für die Wüste empfiehlt es sich, eine Übernachtung einzuplanen.

Das Fahren am Abend ist kein Problem, die Straßen sind beleuchtet und entlang der Strecken gibt es kleine Restaurants. Wer nicht selber fahren möchte, kann auch organisierte Ausflüge buchen › S. 31.

Besonders an den Wochenenden ist auch das angenehme Hatta Fort Hotel mit seinem großen Garten, zwei Swimmingpools und einer Minigolfanlage ein ausgesprochen beliebtes Ausflugsziel. Während der Woche ist es dort dagegen wesentlich ruhiger, und man kann sich hier eine gemütliche Mittagsrast im Café oder Abendessen im Restaurant gönnen (Tel. 809 93 33, www.hatta forthotel.com, €€€).

# Fujairah 2
# und die Ostküste

**Verlauf: Dubai › Dibba › Bidiya ›**
**Khor Fakkan › Fujairah › Dubai**

**Karte:** Seite 130
**Dauer:** 1 Tag
**Praktische Hinweise:**
- Ca. 3 Std. reine Fahrzeit für den Hin- und Rückweg, unterwegs gibt es kleine Restaurants.
- Nehmen Sie Badesachen und ggf. Tauchausrüstung mit.

Die Moschee in Bidiya

Eine gute Gelegenheit, das Hajar-Gebirge ohne Geländewagen zu erkunden, bietet ein Tagesausflug an die Ostküste. Ab Dubai folgt man der Beschilderung bis Al Dhaid und weiter bis Masafi. Hier wird das Mineralwasser gleichen Namens abgefüllt. Dank hoher Niederschläge gedeiht eine üppige Vegetation in den Tälern, entlang der Bergstraße und an der Küste. Bei Masafi beginnt eine große Rundfahrt Richtung Norden – zunächst nach **Dibba**, das am Rande steil aufragender Berge ein guter Ausgangspunkt für ausgedehnte Spaziergänge ist. Dann geht es 70 km über Khor Fakkan bis in die Stadt Fujairah. Unterwegs achte man bei **Bidiya** auf eine kleine, unscheinbare Moschee mit zwei Zipfelkuppeln (direkt an der E99). Sie ist angeblich das älteste Gebetshaus der Emirate.

In **Khor Fakkan** ⭐ – das eigentlich zum Emirat Sharjah gehört – und Fujairah gibt es schöne Strände, und vor der Küste liegen hervorragende Tauchreviere. Sie sind zum Teil künstlich angelegt, mit versenkten Schiffen und Autowracks. Einen guten Einstieg ins Wasser vermittelt z. B. das Diving Center im Sandy Beach Resort (Tel. 09/244 55 55, www.sandybm.com).

**SEITENBLICK**

### Bullenkämpfe
Früh morgens geht es los in Fujairah, erst gegen Mittag endet das Spektakel. Der unblutige Kampf Bulle gegen Bulle dauert meist nur wenige Minuten. Deshalb finden mehrere Kämpfe hintereinander statt, wobei sich zwei Kraftpakete Kopf an Kopf gegenüberstehen und drücken – wer zuerst einen Schritt zurückweicht, hat verloren.

Die Bullen sind unberechenbar, hin und wieder ergreifen sie die Flucht – und werden dann von mehreren Männern am Schwanze wieder zurück zum Gegner gezogen.

# Sharjah 3 ⭐

**Verlauf: Dubai › Sharjah › Dubai**

**Karte:** Seite 130, 134
**Dauer:** 1–2 Tage
**Praktische Hinweise:**

- Es sind zwar nur 10 km bis nach Sharjah, zu Stoßzeiten kann es durchaus eine Stunde dauern, bis man aus Dubai draußen ist. In Sharjah biegt man beim Al-Khan-Kreisverkehr auf die Al Khan Road, die geradeaus zum Strandviertel führt. Von der Al Khan Road biegt kurz vor dem Strand die Al Arouba Road ins Zentrum Sharjahs ab, wo die wichtigsten Sehenswürdigkeiten liegen.

Was in Dubai bombastisch groß ist, wirkt in Sharjah-Stadt normal und gemütlicher, seien es der Souk oder der Fischmarkt. In keiner anderen Stadt Arabiens gibt es so viele sehenswerte Museen so nah beieinander. Deshalb wurde sie 1998 von der UNESCO zur kulturellen Hauptstadt Arabiens ernannt. Sharjah ist mit 600 000 Einw. das drittgrößte Emirat.

Bereits Anfang der 1970er-Jahre entstanden hier die ersten Badehotels. Als Dubai in den 1990er-Jahren bei den touristischen Angeboten auf die Überholspur wechselte, konnte und wollte man zunächst nicht mithalten. Doch inzwischen wird auch in Sharjah viel gebaut und man setzt auf eine touristische Zukunft – auch wenn im Emirat nirgendwo Alkohol ausgeschenkt werden darf.

## Interessante Märkte

Besonders am frühen Morgen geht es am **Fischmarkt** Ⓐ lebhaft zu, denn die Verkaufsstände liegen direkt am Kai, wo die schweren Holz-Dhaus anlegen und der Fisch fangfrisch auf den Verkaufstisch kommt. Hier decken sich Hotelköche und die Einwohner von Sharjah ein. Machen Sie es ihnen nach und suchen Sie sich im großen Angebot Ihren Lieblingsfisch. Am Ende des Fischmarktes (Richtung Arouba Road) können Sie Ihren Fisch nach Wunsch frittieren oder braten lassen. Da der Markt bis mittags geöffnet ist, bekommt man hier ein gutes und günstiges Mittagessen.

Nur ein paar Meter entfernt liegen die Hallen des **Obst-** und **Gemüsemarktes** Ⓑ. Nicht nur an den Dattelständen darf man ruhig mal naschen. **50 Dinge** ⑨ › **S. 13.** Obwohl die Emirate sehr viel in die Landwirtschaft investieren, sieht man hier Obstkisten aus aller Welt fein nebeneinander aufgereiht.

Vom Fruchtmarkt folgt man der **Corniche Road** zum Hafen und weiter zum Altstadtviertel.

## Die Heritage Area Ⓒ ⭐

Als erstes erreicht man das restaurierte historische Zentrum Sharjahs östlich der Al Burj Road (tgl. 9–13, 17–20 Uhr, Mo, Fr geschl.). Hier konzentrieren sich die Museen, und mehrere liebevoll restaurierte Wohnhäuser bieten Einblick in vergangene Zeiten. Nach historischem Vorbild errichtet ist der **Souk Al Arsah,** auf dem sogar lebende Falken angeboten werden. Daneben gibt es

Auf dem Obst- und Gemüsemarkt in Sharjah ist das Verkosten erlaubt

in den etwa 70 Geschäften viele typische Souvenirs, z.B. arabische Kaffeekannen, Datteln oder traditionelles Kunsthandwerk.

Das **Café Al Qahwa Al Shabia** liegt im Zentrum des Souks, von dem auch alle Museen schnell zu erreichen sind. Hier kann man bei Tee, Kaffee und Snacks eine Pause einlegen (tgl. 9–13, 16–20 Uhr).

Museumsfans können unter einer Vielzahl von Museen wählen: Es warten das **Schulmuseum** (Eslah School), das **Museum für maritime Tradition** (Maritime Museum), das **Museum für Trachten und Kosmetika** (Costumes & Cosmetics Museum) und das **Museum für traditionellen Schmuck** (Traditional Jewellery Museum) auf Besucher.

Auch eines der schönsten Wohnhäuser ist zu besichtigen: Es ist das **Bait Al Naboodah**, in dem das Leben einer Familie aus der Mitte des 18. Jhs. lebendig wird. Die Räume des zweistöckigen Hauses demonstrieren die damals fortschrittlichen traditionellen »Klimaanlagen«. Die

beleuchteten Alkoven im Erdgeschoss waren ursprünglich Belüftungsschächte, die für Luftzirkulation und Kühlung sorgten, denn anders als in vielen Nachbarhäusern besaß es keinen Windturm.

Leicht zu finden ist das Wohnhaus des ersten Schriftstellers und Zeitungsgründers der VAE, **Majlis Ibrahim Mohammed Al Midfa,** denn hier befindet sich der einzige runde Windturm der VAE auf dem Dach. Ibrahim Mohammed engagierte sich bis zu seinem Tod 1983 neben seinem Beruf als Sekretär der Herrscherfamilie erfolgreich um die Eröffnung einer Bibliothek.

Die meisten Museen sind in ehemaligen Wohnhäusern untergebracht (www.sharjahmuseums.ae, Sa–Do 8–20, Fr 16–20 Uhr, das Bait Al Naboodah ist vorübergehend geschl.).

## Art Area ⓓ
Gegenüber der Heritage Area hat die Kunstszene ihr Zuhause gefunden. Das **Sharjah Art Museum** beherbergt

acht permanente Ausstellungen orientalischer Künstler, deren Bilder und Skulpturen – teils aus dem 18. Jh. – sich mit der Geschichte Sharjahs auseinandersetzen. Wechselnde Ausstellungen umfassen auch Werke europäischer Künstler (Corniche Road, Sa–Do 8–20, Fr 16 bis 20 Uhr). Um das Museum haben sich in den restaurierten Häusern u. a. ein Café und mehrere Galerien eingerichtet – stöbern lohnt sich.

## Museum of Islamic Civilisation

Die gut 5000 Exponate stammen zum Teil aus dem ehemaligen Islamic Museum in der Heritage Area und der Privatsammlung des Herrschers von Sharjah. Neben Geschichte und Fakten zum Islam erfährt der Besucher auch viel über die wissenschaftliche Entwicklung im Laufe der Jahrhunderte. So sind z. B. eine Weltkarte von 1099 und historische Schriften ausgestellt. Mit Café und Souvenirshop (Corniche Road, Sa–Do 8–20, Fr 16–20 Uhr).

## König-Faisal-Moschee

Auf dem Weg zum Central Souk jenseits der Arouba Road kommt man an einer der größten Moscheen der VAE vorbei (King Abdul Aziz St.). In Sharjah suchte man lange vergebens nach Öl. Nachdem es in

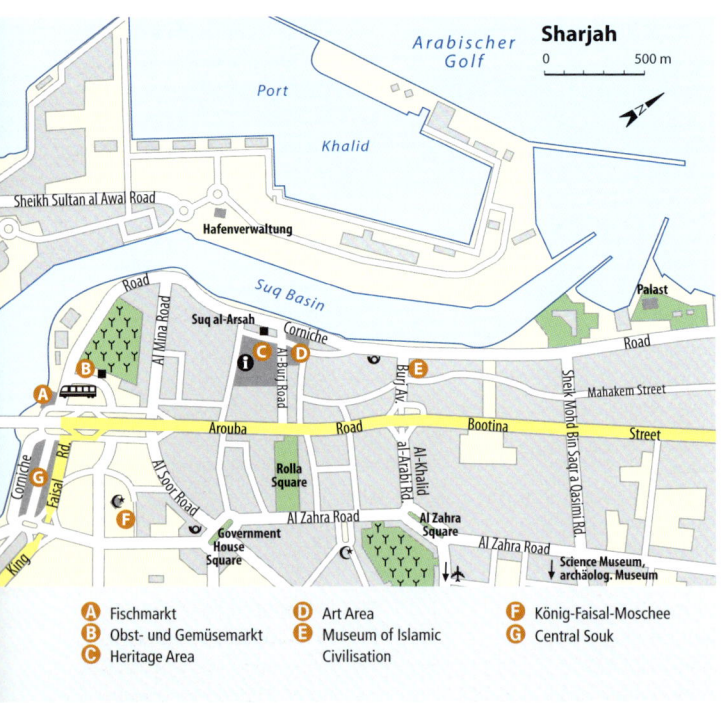

**A** Fischmarkt
**B** Obst- und Gemüsemarkt
**C** Heritage Area
**D** Art Area
**E** Museum of Islamic Civilisation
**F** König-Faisal-Moschee
**G** Central Souk

Dubai so reichlich floss, hatte man hoffnungsvoll zu bauen begonnen. Doch das schwarze Gold und damit das Geld blieb aus. Saudi-Arabien sprang ein und bezahlte den Bau der Moschee. Nicht nur mit der Benennung nach König Faisal zeigte Sharjah seine Dankbarkeit, man fühlte sich auch moralisch zu Dank verpflichtet: Der Ausschank von Alkohol wurde verboten – daher ist das Emirat als einziges der sieben komplett »trocken«.

## Central Souk

Der auch als der blaue oder neue Souk bezeichnete Markt ist zum Wahrzeichen Sharjahs geworden. Man erkennt ihn sofort an den zehn Windtürmen und an den blauen Kacheln der Außenfassade. Unter den 600 Geschäften finden sich Juweliere, Geldwechsler und kleine Restaurants. Die Antik- und Teppichhändler im ersten Stock haben so manch schönes Stück anzubieten.

## Maritime Museum und Sharjah Aquarium

Im Ortsteil Al-Khan stehen nahe der Badehotels zum einen das Maritime Museum und gleich nebenan das Sharjah Aquarium. Das Museum informiert über die Geschichte des Seehandels in Sharjah. Im modernen Aquarium kann man den reichen Fischbestand der Küstengewässer bewundern. Im angeschlossenen Restaurant kann man das Seafood gleich probieren (Al Khan Corniche Road, beide: Sa–Do 8–20, Fr 16–20, Aquarium Fr bis 22 Uhr).

Das Museum of Islamic Civilisation

## Al Qasba

So heißt der etwa 1 km lange Kanal, der die Khalid-Lagune mit der Al-Khan-Lagune verbindet. Zu beiden Seiten finden sich zahlreiche Restaurants und Geschäfte an der Corniche Road. Besonders am Abend lohnt sich ein Spaziergang, wenn das Riesenrad hell erleuchtet ist.

## Museen außerhalb des Zentrums ⭐

Im südöstlichen Teil Sharjahs, an der Sheikh Rashid Bin Saqr Al Qasimi St., warten noch zwei sehr sehenswerte Museen. Das **Sharjah Science Museum** ist das erste interaktive Wissenschaftsmuseum der Stadt und hat ein tolles Planetarium (Sa–Do 8–14, Fr 16–20 Uhr). Das **Archäologische Museum** (Archeological Museum) spürt der Entwicklung der Emirate von 5000 v. Chr. bis in die Gegenwart nach. Keineswegs verstaubt und antik, sondern mit multimedialem Einsatz wird hier Geschichte veranschaulicht (Mo–Do, Sa 8–20, Fr 16–20 Uhr).

# Abu Dhabi 4

**Verlauf: Dubai › Abu Dhabi › Dubai**

**Karte:** Seite 130, 139
**Dauer:** 1 Tag

**Praktische Hinweise:**
- Etwa 140 km südlich von Dubai liegt die Hauptstadt der VAE. Die Fahrt auf der (nachts beleuchteten) Autobahn bis ins Zentrum dauert gut 2 Stunden.
- Achten Sie auf passende Kleidung für den Besuch der Sheikh-Zayed-Moschee.
- Für die Mittagspause gibt es entlang der Corniche mehrere Cafés, in den Seitenstraßen rund um den Itthad Square indische Restaurants und in der Marina Mall auf der Breakwater-Halbinsel mehrere Fast-Food-Ketten mit Blick auf das Emirates Palace.

Abu Dhabi ist mit 67 000 km² das flächenmäßig größte Emirat und verfügt auch über die größten Erdölreserven. Das ermöglicht ihm bis heute die finanzielle Unterstützung weniger betuchter Emirate wie Ajman oder Fujairah, die während der Verhandlungen zur Staatsgründung mit diesem Argument zum Beitritt bewogen werden konnten.

Abu Dhabi ist das Verwaltungszentrum der Vereinigten Arabischen Emirate. Aus diesem Grund sind in den Spitzenhotels hauptsächlich Geschäftsleute zu Gast. Mittlerweile wurde eine touristische Infrastruktur geschaffen – inzwischen kommen vermehrt Badegäste in die Hauptstadt. Mit Großveranstaltungen im Bereich Kultur und Sport lockt Abu Dhabi immer mehr Touristen an.

Abu Dhabi und Dubai rivalisieren gern – beide wollen Emirate der Superlative sein.

## SEITENBLICK

### Die Piratenküste

Nach der Vertreibung der Portugiesen aus dem Arabischen Golf 1622 übernahm ganz allmählich der Stamm der Qawasim die Seeherrschaft in diesem Gebiet. Beliebtes Angriffsziel waren europäische Handelsschiffe, darunter die Flotte der britischen Ostindien-Gesellschaft. Um 1800 befehligten die Qawasim von ihrem Stützpunkt Ras al-Khaimah aus gut 800 Schiffe mit 20 000 Mann Besatzung, und europäische Seeleute bezeichneten das Gebiet der Emirate nur als Piratenküste. 1820 schließlich schlug das British Empire nach wiederholten Angriffen zurück und zerstörte nicht nur den Hafen Ras al-Khaimah samt Piratenflotte, Dubai, Sharjah und Ajman wurden vorsorglich gleich mit attackiert. Um den berechtigten Ansprüchen des Herrschers von Oman auf diese Gebiete nicht nachgeben zu müssen und den Seeweg nach Indien abzusichern, handelte England mit den geschlagenen Emiren Verträge aus, die 1853 und 1892 erweitert wurden. Aus ehemaligen Piraten waren nun geschätzte Vertragspartner geworden, und auf den Weltkarten wurden die Scheichtümer als Trucial States (Vertragsstaaten) eingezeichnet.

Die Sheikh-Zayed-Moschee in Abu Dhabi

### Falkenklinik ⭐

Vor den Toren der Stadt, nahe dem Flughafen, liegt das Krankenhaus, das edle Jagdvögel – auch die der königlichen Familie – behandelt. Modernste Technologie steht zur Verfügung um ernsthaften Erkrankungen zu behandeln. Während des Besuchsprogramms haben Gäste die Möglichkeit einen Falken – für die bis zu 100 000 € bezahlt werden – auf die Hand zu nehmen (Sweihan Road, nur mit Voranmeldung: Tel. 02/575 51 55, www.falconhospital. com, So–Do 10 und 14, Sa 10 Uhr).

### Die Sheikh-Zayed-Moschee Ⓐ ⭐ [e4–e5]

Noch liegt Dubai im Bau-Wettstreit vorn. Wenn man die Insel Abu Dhabi über die Maqta-Brücke betritt, zu deren Füßen ein alter Wachturm steht, tauchen links vier bleistiftdünne Minarette auf. Hier macht Abu Dhabi durch einen mächtigen, fast 400 Mio. US$ teuren Moscheebau Boden gut. 40 000 Gläubige sollen in die Gebetshalle der Großen Moschee passen. Die Säulen wurden mit Marmor und indischen Halbedelsteinen verziert, in die Wände des Gebetsraumes sind Koran-Zitate in großen, beleuchteten Buchstaben eingraviert, um das Areal herum entstanden mehrere Wasserbecken.

Mit gleich drei Superlativen findet sich die Moschee im Guinness Buch der Rekorde wieder: die Kuppel des Hauptdoms ist 85 m hoch. Darin hängt mit 10 × 15 m der angeblich weltgrößte Kronleuchter – von Swarovski in Deutschland gefertigt. Dann senke man den Blick zu Boden, denn unter den Füßen der Besucher liegt der weltweit größte handgearbeitete Perserteppich: 5000 m² groß und 47 t schwer. Zwar nicht mehr rekordverdächtig, aber auch beeindruckend, sind weitere Zahlen einer der weltweit größten Moscheen. Die vier Minarette ragen 104 m in den Himmel und 82 Kuppeln zieren das Bauwerk.

Für NICHTMUSLIME gibt es besondere BESUCHSZEITEN: So–Do 9–10 Uhr, letzter Eintritt 9.30 Uhr, es darf fotografiert und gefilmt werden. Die Führungen beginnen um 9 Uhr, Anmeldung per E-Mail oder telefonisch (Saif Ghubash St., Tel. 02/444 04 00, zayedmosquetour @adta.ae, www.szgmc.ae/en).

## Capital Gate Tower [d4]

Laut dem Guinessbuch der Rekorde handelt es sich um das schiefste von Menschhand errichtete Gebäude – sein Neigungswinkel beträgt mit 18° das vierfache des Turmes von Pisa (www.capitalgate.ae).

## Rund um den Ittihad Square ★ [b2]

Der zentrale Platz von Abu Dhabi ist leicht an den meterhohen Skulp-

### Der Vater der Gazelle

1761 waren ein paar Beduinen aus den Liwa-Oasen auf der Jagd und sichteten eine prächtige Gazelle. Sie verfolgten das Tier bis an die Küste, wo es durch eine schmale Furt auf eine Insel watete und die Verfolger an eine Süßwasserquelle führte. Es schien ein idealer Siedlungsplatz, die Beduinen blieben, errichteten an der Quelle eine Festung und nannten den Platz Abu Dhabi (Vater der Gazelle). Heute ist sie die Hauptstadt der VAE, breite Boulevards suchen sich ihren Weg durch Wolkenkratzerschluchten. Dazwischen versteckt liegen schöne Parks, und die Corniche gehört zu den schönsten der Emirate.

turen einer Schnabelkaffeekanne, eines Rosenwassersprenklers und einer Kanone zu erkennen.

Ganz in der Nähe des Platzes lockt der neue **Central Market** Ⓑ [b2]. An Stelle der ehemals schmuddeligen Geschäfte entstand ein modernes Wohn-, Einkaufs- und Freizeitviertel, das trotz seiner stellenweise arabisch inspirierten, luftigen Architektur recht wenig einem typisch orientalischen Markt gleicht. Aber wer das nicht erwartet und auf der Suche nach einem entspannten Plätzchen für die Mittagspause oder den Abend ist, der sollte durchaus mal hineinschauen. Dort findet man sicherlich auch das eine oder andere Souvenir.

Vom Ittihad Square biegt die Al Nasr Street ab, an der das älteste Gebäude Abu Dhabis liegt, die **Festung Al Hosn** Ⓒ [b2]. Sie diente von 1793 bis 1966 den Herrscherfamilien als Domizil. Heute befindet sich dort ein Dokumentationszentrum für Stadtgeschichte. Es gibt Pläne, die Festung auch für das Publikum zu öffnen, seit 2013 findet hier alljährlich das Qasr Al Hosn Festival statt (www.qasralhosnfestival.ae).

## Die Corniche

Die Uferpromenade mit bunten Blumenbeeten, Schatten spendenden Segeldächern und Cafés gehört

Ⓐ Sheikh-Zayed-Moschee
Ⓑ Central Market
Ⓒ Festung Al Hosn
Ⓓ Teppichmarkt
Ⓔ Emirates Palace Hotel
Ⓕ Breakwater-Halbinsel

Abu Dhabi

0        500 m

Teppichmarkt: Warten auf Kundschaft

zu den beliebtesten Flaniermeilen der Stadt. Nachmittags ist sie mit Spaziergängern, Joggern, Inlinescatern und einheimischen Familien besonders belebt. Längs der nordöstlichen Hälfte der Corniche lag einst der Hafen für die Flotte der Perlenfischer, doch davon ist heute nichts mehr zu sehen.

Am Sheraton Hotel vorbei geht's zum **Teppichmarkt** Ⓓ ⭐ [c2] in die Meena Street nahe des Hafens. Selbst wenn man keinen kaufen möchte, lohnt sich ein Abstecher zu den Händlern aus Afghanistan, die seit fast 30 Jahren hier ansässig sind. Sie sitzen inmitten der hoch aufgestellten, in allen Farben leuchtenden Teppichrollen und trinken ihren Tee. Wer etwas Zeit für einen Plausch mitbringt, bekommt auch ein Tässchen angeboten.

Hält man sich auf der Corniche Richtung Südwesten, fällt schon von weiten das monumentale **Emirates Palace Hotel** Ⓔ [a3] ins Auge, das den Namen »Palast« nicht unverdient führt. Das Haus mit einer 1 km langen Strandfassade wird von einer 60 m hohen, vergoldeten Kuppel gekrönt, und der paradiesisch gestaltete Garten umfasst 100 ha. Die Lobby kann grundsätzlich besichtigt werden – es sei denn, hoher Besuch hat sich eingemietet.

## Breakwater-Halbinsel Ⓕ ⭐ [a2–a3]

Einen guten Blick auf das Emirates Palace Hotel hat man von der Breakwater-Halbinsel (dt. Wellenbrecher). Sie wurde zum Küstenschutz künstlich aufgeschüttet und mit mehreren Restaurants, einem privaten Yachthafen und ❗ einem der größten Einkaufszentren Abu Dhabis, der Marina Mall, ausgestattet. Fährt man bis zum Ende der

Halbinsel, genießt man eine tolle Aussicht über die Skyline der Stadt.

## Die Kulturinsel Saadiyat

Auf Saadiyat kann man bereits baden, in luxuriösen Hotels wohnen und Golf spielen, doch erst richtig spannend wird die Insel, wenn die fünf im Bau befindlichen Museen ab 2015 fertig werden. Entworfen wurden sie von den Stars der Branche, darunter Frank Gehry (Guggenheim) und Jean Nouvel (Louvre). Wie das Ensemble – zu dem auch ein Performing Art Center und das Sheikh Zayed National Museum gehören – einmal aussehen wird, darüber informiert die Galerie im **Manarat Al Saadiyat** (Cultural District, Tel. 657 58 00, www.saadiyat.ae, tgl. 10–18 Uhr, ).

## Die Rennfahrer-Insel Yas [h2–h3]

Auf dieser Insel geht es im wesentlichen um Geschwindigkeit, denn hier befindet sich u. a. die Formel-1-Rennstrecke **Yas Marina Circuit** (Yas Leisure Drive, www.yasmarinacircuit.com), auf der Sebastian Vettel 2010 zum ersten Mal Weltmeister wurde. Hobbyfahrer können hier im gemieteten Sportwagen schnelle Runden drehen.

In dem benachbarten Freizeitpark **Ferrari-World** befindet sich u. a. die schnellste Achterbahn der Welt, die **Formula Rossa** (www.ferrariworldabudhabi.com). Schräg gegenüber lädt die **Yas Waterworld** (www.yaswaterworld.com) zu einem fröhlichen Badespaß für Familien ein.

# Al Ain 5 ★

**Verlauf: Dubai › Bab al Shams › Al Ain › Dubai**

**Karte:** Seite 130
**Dauer:** 1–2 Tage
**Praktische Hinweise:**
- Man sollte früh losfahren, denn Al Ain hat viel zu bieten. Zu empfehlen wäre eine Hinfahrt am Donnerstagabend, um Freitagmorgen den turbulenten Kamelmarkt außerhalb der Stadt zu erleben.
- Wer ein bisschen länger Pause von der Glitzerwelt Dubais braucht, kann am Hin- oder Rückweg einen Tag Pause im Bab al Shams-Wüstenresort einlegen.
- Al Ain ist durch eine 140 km lange Autobahn, die streckenweise zwischen den Dünen des Leeren Viertels verläuft, mit Dubai verbunden; unterwegs finden sich Raststätten.

Nur 50 km von Dubai entfernt liegt eine ruhige Hotel-Oase namens **Bab al Shams** ★ › S. 40, ideal für groß-

Die Ferrari World

Offenes Rundgrab im Hili Archaeological Park in Al Ain

Selbst wenn Sie nicht nach Al Ain wollen, der Ausflug zum Hotel lohnt sich auch allein. Nehmen Sie ein Taxi für den ganzen Tag und lassen es bis zur Rückfahrt warten.

**Al Ain** entstand aus neun vereinzelten kleinen Oasen. Pflanzenfreunde sind begeistert von der heute blühenden Gartenstadt am Rande des Leeren Viertels – grün gesäumte Straßen und farbenprächtige Bougainvilleas überall. Al Ain ist die Heimatstadt des 2004 verstorbenen Sheikh Zayed, des ersten Präsidenten der VAE.

Mitten durch die Stadt Al Ain verläuft die Grenze zum Sultanat Oman, dessen Anteil an den Oasen Buraimi heißt. Bis vor kurzem war ein Grenzübergang unbürokratisch möglich, seit 2012 braucht man ein Visum.

Die Oasen haben eine bewegte Vergangenheit hinter sich. Aus religiösen Gründen besetzten Mitte des

stadtmüde Besucher. Der Pool liegt in einem kleinen Palmengarten, um 17 Uhr findet auf einer nahe gelegenen Düne eine interessante Falkenshow statt. Vor dem Dinner genießt man auf der Dachterrasse bei Cocktail, Minztee oder Cappuccino den Sonnenuntergang.

19. Jhs. Beduinen aus dem heutigen Saudi-Arabien kurzzeitig die Stadt, 1955 kamen sie wieder, wobei es ihnen dieses Mal um die Sicherung von Erdölfördergebieten ging. Erst nach zähen Verhandlungen zogen sich die Saudis zurück.

### Im Zentrum von Al Ain

Von Dubai kommend, erreicht man zunächst den gut ausgeschilderten **Hili Archaeological Park** ⭐. Die Bäume entlang der Zufahrtsstraße zum Park sind Eukalyptusbäume, ein Hinweis auf den Grundwasserreichtum Al Ains, denn Eukalypten werden zur Bodenaustrocknung angepflanzt.

Der Park ist eine Kombination aus großzügig gestalteter Parkanlage und archäologisch hochinteressanter Ausgrabungsstelle. Mitten im Park schimmern die Mauern eines Rundgrabes aus der Zeit um 3000 v. Chr. Das Great Hili Tomb zeugt

von einer reichen Vergangenheit. Die in diesem und weiteren Gräbern des Parks sowie den freigelegten Siedlungsresten gleich hinter dem Eingang gefundenen Kupfergegenstände deuten auf eine rege Handelsbeziehung zur fernen Küste bei Abu Dhabi hin und können im Museum von Al Ain besichtigt werden (Mo–Do 16–22, Fr ab 10 Uhr, Di/Mi nur Frauen und Kinder).

Das **Sheikh Zayed Palace Museum** ist die ehemalige Residenz des Gründervaters und ersten Präsidenten der Emirate, Sheikh Zayed bin Sultan Al Nahyan. Ausgestellt sind u. a. Gegenstände aus dem persönlichen Besitz dieses hoch geschätzten Staatsmanns wie Dolche oder die erste Staatskarosse – ein alter Landrover. Die Bezeichnung Palast ist etwas irreführend, denn es handelt sich um ein recht einfaches Haus. Aber nach seiner Sanierung und der Verschönerung des Innen-

---

**SEITENBLICK**

#### Wunderlicher Körperbau

»Als Noah mit seiner Arche voller Tiere auf dem Weltmeer unterwegs war, kam schließlich auch die Brunftzeit seiner Passagiere und die großen Tiere brachten mit ihren lebhaften Aktivitäten das Schiff heftig ins Schwanken und drohten die Arche zu versenken. In seiner Not wusste sich Noah nicht anders zu helfen als ihnen die Geschlechtsteile abzunehmen und in nummerierter Reihenfolge zu verwahren. Als die Sintflut vorbei war und die Tiere von Bord gingen, erhielten sie ihr bestes Stück zurück. Der Esel – eigentlich letzter in der Reihe – nutzte einen Moment der Unaufmerksamkeit des vor ihm stehenden Kamels, drängelte sich vor, bekam den größeren Kamelpenis verpasst und verschwand. Als nun Noah mit dem letzten kleinen Glied dastand, verweigerte das Kamel das viel zu kleine »Ersatzteil« und stolzierte erhobenen Hauptes von Bord. Noah – im Bestreben, alle ihm anvertrauten Tiere versorgt zu wissen – rannte ihm hinterher und setzte mit schnellem Griff das kleinere Eselsorgan an. Deswegen hat der Kamelhengst bis heute ein auffallend kleinen, nach hinten abstehenden Penis.«

Wüstenschiffe auf dem Kamelmarkt von Al Ain

hofs durch Bäume und Rasen strahlt das Anwesen durchaus etwas Majestätisches aus (Sa–Do 9–19.30, Fr 15–19.30 Uhr, Mo geschl.).

Sehr sehenswert ist das **Museum von Al Ain** im Zentrum der Stadt, direkt neben dem Al Sharqi Fort. Die ethnologische Abteilung des Museums dokumentiert das Leben der Oasenbewohner und zeigt Waffen, Hochzeitsschmuck, Beschneidungswerkzeuge und historische Fotos (tgl. 8–19.30, Mo. geschl., Fr 15–19.30 Uhr).

Westlich des Museums, gegenüber dem Rotana-Hotel, erhebt sich das **Jahili Fort,** in dem um 1918 Sheikh Zayed bin Sultan Al Nahyan geboren wurde. Da die Festung mit traditionellem Baumaterial restauriert und verputzt wurde, vermittelt sie einen authentischen Eindruck ehemaliger Wehranlagen. Sie ist leicht an ihren drei massiven Rundtürmen zu erkennen (Sa–Do 9 bis 18 Uhr).

## Kamelmarkt ⭐

Der Markt liegt im Stadtteil Mazyad nahe der Grenze zu Oman. Besonders Freitagmorgens ist hier viel los, wenn Händler durch die Gehege pilgern um die Tiere zu begutachten. Aber auch unter der Woche lohnt ein Abstecher auf einen der größten Kamelmärkte Arabiens. Es gibt mehrere überdachte Gehege, Bullen stehen getrennt von weiblichen Herden, dazwischen Jungtiere jeden Alters. Manchmal sieht man wenige Tage alte Kamelbabys, deren Köpfe noch recht unsicher auf dem langen Hals wackeln. Interessierte Käufer stehen vor den Gattern und feilschen lautstark mit den Besitzern um deren Tiere. Manchmal geht es dabei um richtig viel Geld, denn hier werden auch Rennkamele angeboten, die nicht unter 20 000 € zu haben sind. Wer nicht gleich ein Rennkamel kaufen möchte, kann hier auch Souvenirs rund ums Kamel erwerben. **50 Dinge** ㊳ › S. 16.

Das Jahili Fort in Al Ain wurde mit traditionellen Materialien restauriert

## Jebel Hafeet ★

Die Fahrt zum Kamelmarkt lässt sich gut mit einem Ausflug auf den 1300 m hohen Jebel Hafeet verbinden. Der erhebt sich wie ein Monolith am Rande der Stadt. Am späteren Nachmittag liegen dem Besucher nicht nur die sattgrünen Palmenhaine der Stadt Al Ain, sondern auch **!** die prächtigen Dünenzüge des Leeren Viertels im warmen Licht der untergehenden Sonne zu Füßen. Eine Teerstraße führt zur Aussichtsplattform.

Auf dem Jebel Hafeet kann man in einem der beiden Restaurants des **Mercure Grand Jebel Hafeet Hotel** eine Mittagspause einlegen oder dort übernachten. Aufgrund der unschlagbaren Lage auf über 900 m Höhe ist die Aussicht grandios. Das Hotel vefügt über komfortable Zimmer und drei Pools mit Rutschen und liegt etwa 10 km vom Zentrum Al Ains entfernt (Tel. 03/783 88 88, www.mercure.com, €€€).

# Rub al Khali – das Leere Viertel ★

**Verlauf: Dubai** › **Liwa Oasen** › **Dubai**

**Dauer:** 2 Tage
**Praktische Hinweise:**

• Fahren Sie nicht allein in die Dünen und nehmen Sie für eine Nacht im Sand warme Kleidung mit.

• Die schönsten Zeiten in der Wüste sind der frühe Morgen und der Spätnachmittag, nicht zu vergessen die sternenklare Nacht.

• Es gibt Hotels, doch kann man auch unter freiem Himmel im Schlafsack übernachten.

Mit etwa 700 000 km² ist die Rub al Khali das größte zusammenhängende Sandwüstengebiet dieser Erde. Diese Fläche entspricht in etwa einem Viertel der Arabischen Halbinsel und ist nahezu unbewohnt. Der größte Teil dieser Wüste liegt auf saudi-arabischem Staatsgebiet, doch seine Ausläufer ragen weit in die Emirate hinein.

Nahezu unbeschreiblich sind die Schönheit und die absolute Stille, die von diesem Ort ausgehen. Sitzt man auf einem der bisweilen über hundert Meter hohen Dünenberge, hat man einen fantastischen Blick über ein Gebirge aus Sand. Am späteren Nachmittag beginnt mit dem langsamen Sinken der Sonne ein grandioses Spiel aus Licht und Schatten, in dessen Verlauf man den Eindruck bekommt, dass die Dünen nicht nur ihre Farben, sondern auch ihre Form verändern.

## Die Liwa-Oasen 6 ★

Am Rande des Leeren Viertels liegen über 50 kleinere Oasen, die zusammen als Liwa-Oasen bezeichnet werden, obwohl jede einzelne ihren eigenen Namen hat. Entlang der As-phaltstraße, die sie miteinander verbindet, reihen sie sich wie grüne Perlen an einer Schnur, dazwischen immer wieder aufleuchtend das Goldgelb des Sandes. Die größte Oase ist **Mezirah,** sie ist Versorgungs- und Verwaltungszentrum. Von hier zogen Ende des 18. Jhs. die heutigen Herrscherfamilien Abu Dhabis (Al Nahyan) und Dubais (Al Maktoum) an die Küste.

Damals wie heute ermöglichte das nur wenige Meter unter der Oberfläche liegende Grundwasser Leben und eine ganz bescheidene Landwirtschaft. Trotz Elektrizität und ausreichender Wasserversorgung durch den Staat ist das Leben hier auch heute noch sehr hart. Der vordringende Sand ist ein großes Problem, immer wieder droht er ganze Gärten zu verschütten, die nur mit Zäunen aus geflochtenen Palmwedeln gesichert sind.

So ist es kein Wunder, dass viele Beduinenfamilien in den letzten

SEITENBLICK

### Lebensraum Wüste

Flimmernde Hitze – 30, 40 oder gar 50 °C in der Sommerhitze. Weit und breit nichts als Sand, Sand und noch mehr Sand. Von Wasser keine Spur!

Doch die Wüste lebt, besser als Walt Disney kann man es nicht formulieren. Wer am frühen Morgen aus dem Schlafsack kriecht und sich umschaut, kann eine Unzahl von Kriech- und Laufspuren entdecken. Zum Beispiel von den Wüstenmäusen mit ihren Knopfaugen und dem sandbraunen Fell oder von den schwarzen Käfern mit den langen Beinen. Die so genannten Sandfische – kleine Echsen, die sich blitzschnell in den Boden wühlen können – wie auch Schlangen und Skorpione hinterlassen ihre Spuren im Sand. Alle nachtaktiven Tiere kriechen mit dem ersten Sonnenstrahl in ihre Schlupflöcher. Büsche gibt es wenige, aber ihren Samen genügt ein kurzer, heftiger Regenschauer, um zu keimen. Ihren Feuchtigkeitsbedarf decken sie durch lange Wurzeln bis hinab zum Grundwasser oder – wie die Tiere – durch die Aufnahme des spärlichen, aber ausreichenden Morgentaus.

Sanddüne bei El Mudam, Emirat Abu Dhabi

Jahren in die klimatisierten Neubauten an der Küste gezogen sind, wo es bessere Verdienstmöglichkeiten gibt. Nur wenige sind geblieben und leben weiterhin von ihren Kamelenherden, und so sind es überwiegend Gastarbeiter, die in der Landwirtschaft ihr Geld verdienen.

### Hotel
**Liwa Hotel** €€€
Schönes Hotel auf einer Anhöhe mit Blick auf die Dünen und Swimmingpool.
• Mezirah | Tel. 02/882 20 00

## Fahrt via Abu Dhabi
Wer mehr Zeit hat, verbindet den Ausflug ins Leere Viertel mit einem Besuch der Stadt Abu Dhabi. Von dort bietet sich für Autofreunde die Straße E56 nach **Hamim** an, denn an ihr liegt das **Emirates National Auto Museum**. Sein Besitzer, H.H. Sheikh Hamad bin Hamdan Al Nahyan, hat nicht nur ein Faible für Mercdes Benz – von dem er u. a. einen Nachbau des ersten Motorwagens und mehrere moderne Fahrzeuge in seinen Hallen stehen hat, sondern auch für amerikanische Oldtimer und skurrile Fahrzeuge, darunter einen haushohen (!) Jeep.

### Hotel
**Qasr al-Sarab** €€€
Luxuswüstenquartier in der östlichen Oase Hamim mit eigenem Teleskop zur Beobachtung des Sternenhimmels.
• Hamim | Tel. 02/ 886 20 88
  www.qasralsarab.anantara.com

# Extra-Touren

 **Zwei Tage Dubai**

**Verlauf: Bastakia-Viertel › Dubai Museum › Saeed al Maktoum House › Gewürz- & Goldmarkt › Jumeirah-Moschee › Madinat Jumeirah › Burj Khalifa**

**Karte:** Faltkarte
**Dauer:** Zwei ganze Tage à 7–8 Std. inkl. Pausen
**Verkehrsmittel:**
**1. Tag: Ausgangspunkt** Bastakia-Viertel, Endpunkt Goldmarkt. Diese Tour wird hauptsächlich zu Fuß zurückgelegt. Nach Bastakia nehmen Sie am besten ein Taxi oder nutzen den Shuttle-Service ihres Hotels. Mit einem Wassertaxi können Sie über den Creek fahren.
**2. Tag:** Ausgangspunkt: Jumeirah-Moschee, **Endpunkt:** Burj Khalifa. An diesem Tag nehmen Sie zwischen den Sehenswürdigkeiten ein Taxi.

Im Toscana in Madinat Jumeirah fühlt sich die ganze Familie wohl

Der **1. Tag** sollte der Erkundung des historischen Dubai mit seinen Alt-stadtvierteln von **Bur Dubai** › S. 86 und **Deira** › S. 97 gehören. Sie schlendern gemütlich durch das Bastakia-Viertel, gönnen sich nach dem Besuch des **Dubai Museums** › S. 88 einen Kaffee in historischem Ambiente oder an den Ufern des Creek, werfen noch einen Blick in die Ahnengalerie im **Sheikh Saeed al Maktoum House** › S. 92 und setzen mit einem der vielen Wassertaxis über nach Deira. Dort tauchen Sie ein in die Gerüche des Orients auf dem **Gewürzmarkt** › S. 99 und in die glitzernden Gassen des **Goldmarkts** › S. 100, 102.

Am **2. Tag** erwartet Sie ein Kon-trastprogramm: Als erstes nehmen Sie an einer Führung durch die **Jumeirah-Moschee** › S. 109 teil und erkunden in entspannter Atmosphäre die **Madinat Jumeirah** › S. 116. Anschließend geht es mit dem Taxi durch das Spalier der Wolkenkratzer in der Sheikh-Zayed Road zum **Burj Khalifa** › S. 117. Dort fahren Sie, um den Blick von oben zu genießen in die 124. Etage zur Aussichtsplattform (im voraus buchen). Anschließend geht es weiter in die neue **Downtown Dubai.**

 ## Vier Tage Dubai

**Verlauf: Bur Dubai** › **Shindagha** › **Deira: Gewürz- und Goldmarkt** › **Jumeirah-Moschee** › **Hatta** › **Palm Jumeirah** › **Burj Khalifa** › **Madinat Jumeirah**

**Karte:** Faltkarte
**Dauer: 1. und 2. Tag:** Je gut 7 Std. Gehzeit inkl. Pausen, **3. Tag:** Ganztagesausflug mit ca. 3 Std. Fahrzeit, **4. Tag:** The Palm Jumeirah, Burj Khalifa
**Verkehrsmittel:**
Nach Bur Dubai bzw. Deira nehmen Sie am besten ein Taxi oder nutzen den Shuttle-Service ihres Hotels. An den beiden ersten Tagen können Sie zu Fuß gehen; wenn Sie vom Laufen genug haben, nehmen Sie sich zur Jumeirah-Moschee ein Taxi.
Für den Ausflug nach Hatta brauchen Sie ein Auto. Ein Mietwagen empfiehlt sich nur für den, der sich in Dubai auskennt: Man findet schwer aus der Stadt heraus. Besser engagiert man für einen Tag ein Taxi oder nimmt an einer organisierten Tour teil.
The Palm Jumeirah erreichen Sie am besten per Taxi oder Metro (rote Linie), die sie auch zum Burj Khalifa bringt. Auf der Insel verkehrt eine Monorail.

Der **1. Tag** gehört dem alten Stadtteil **Bur Dubai** › S. 86. Bei einem Spaziergang erkunden sie das ehemalige Wohnviertel **Bastakia** › S. 88 mit seinen charakteristischen Windtürmen, das aufwändig gestaltete **Dubai Museum** › S. 88 und das ehemaligen Regierungsviertel Shindagha.

Am **2. Tag** gönnen Sie sich einen Bummel über die Märkte **Deiras** › S. 101 und entlang der Baniyas Road mit ihren Kontrasten zwischen historischen Dhaus und verglasten Wolkenkratzern.

Am **3. Tag** führt Sie ein Ausflug zur grünsten Stadt im Emirat Dubai, zur **Bergoase Hatta** › S. 128, dabei fährt man durch die Wüste.

Am **4. Tag** ist ausreichend Zeit für das »achte Weltwunder« – die erste von mehreren künstlichen Inseln **The Palm Jumeirah** › S. 116 mit einem erholsamen Badenachmittag im Atlantis The Palm Hotel. Auf dem Weg dorthin lohnt sich ein Abstecher zur Moschee (mit Innenbesichtigung um 10 Uhr). Alternativ gehört der Nachmittag dem **Burj Khalifa** › S. 82, 117. Und am Abend geht es nach **Madinat Jumeirah** › S. 116.

# Zwei Wochen Dubai mit Ausflügen in die Nachbaremirate

**Tour 6**

**Verlauf: Bur Dubai** › **Deira** › **Abu Dhabi** › **Liwa Oasen** › **Al Ain** › **Jumeirah** › **Sharjah** › **Hatta** › **Palm Jumeirah** › **Ski Dubai**

**Karte:** Faltkarte
**Dauer:** 10 bis 14 Tage, je nachdem, wieviele Strand-, Shopping- und Erholungstage Sie einlegen
**An den Tagen** in der Altstadt von **Dubai** je 6–8 Stunden Gehzeit inkl. Pausen.
**3-Tages-Ausflug** nach **Abu Dhabi** (Dubai › **Abu Dhabi** 140 km), zu den **Liwa-Oasen** (Abu Dhabi › **Liwa** 180 km) und nach **Al Ain** (Abu Dhabi › **Al Ain** 140 km). **2 Tage** Strand und erste Shoppingrunde in **Dubai**. **2 bis 3 Tage Jumeirah** mit Freizeitparks. **1 Tag Sharjah** (Dubai › **Sharjah** 10 km). Tagesausflug in die **Oase Hatta** (Dubai › **Hatta** 100 km). **1 bis 2 Strandtage** auf **The Palm Jumeirah** oder am **Jumeirah Beach**. **1 Tag** Shoppingtour durch die Einkaufspaläste von **Dubai** und Gelegenheit zum Skifahren.
**Verkehrsmittel:**
Zu den Stadtvierteln Dubais nehmen Sie am besten ein Taxi oder nutzen den Shuttle-Service ihres Hotels und schlendern dann zu Fuß durch die Altstadt. Sie können auch an einer organisierten Stadtrundfahrt › S. 29 teilnehmen, aber da bleibt meist wenig Zeit zum Verweilen. Die Ausflüge in die Umgebung werden alle von lokalen Agenturen als Tagesausflug angeboten, lassen sich aber auch gut selbst mit dem Mietwagen unternehmen.

Sheikh-Zayed-Moschee, Abu Dhabi

Nach der Ankunft ist Zeit zum Akklimatisieren und – falls Sie in **Jumeirah** › S. 107 wohnen – für einen ersten Strandspaziergang mit Blick auf das Burj al-Arab-Hotel. Vielleicht haben Sie am nächsten Tag Lust auf den alten Souk mit seinen Stoffhändlern in **Bur Dubai**, werfen im **Dubai Museum** › S. 88 einen Blick in die bewegte Vergangenheit der Handelsstadt, schlendern durch das herrliche Bastakia-Viertel mit seinen charakteristischen Windtürmen und genießen ein Abendessen in den Restaurants der Uferpromenade von Shindagha. Der dritte Tag gehört den Märkten in **Deira** › **S. 99**, den Gewürzdüften von Curry, Koriander, Zimt und Muskat, den Aromen von Weihrauch und Myrrhe. Die glitzerndste Gasse Deiras ist der **Goldmarkt** › **S. 100** mit seinen hunderten Geschäften – auch wenn man nichts kaufen möchte, lohnt ein Spaziergang über den Markt.

Für die Tage vier, fünf und sechs steht **Abu Dhabi** › **S. 136** auf dem Programm. Nehmen Sie sich am besten einen Mietwagen – neben der gleichnamigen Hauptstadt des Emirats mit einer der weltweit größten Moscheen gilt es die größte Sandwüste der Erde sowie die von Dünen umgebene Oasenstadt **Al Ain** › **S. 141** zu entdecken. Sie benötigen nicht unbedingt einen Geländewagen, denn zu und durch die Oasen führen Asphaltstraßen.

Rund 50 Oasen reihen sich in Liwa aneinander

Danach stehen in Dubai zwei Erholungstage an, bevor Sie das Freizeitviertels **Jumeirah** › **S. 107** erkunden. Hier schlägt das touristische Herz der Stadt und man sieht von fast überall das wohl bekannteste Bauwerk der Stadt, den 828 m aufragenden **Burj Khalifa** › **S. 117**, das derzeit höchste Gebäude der Erde.

Nur 10 km von Dubai entfernt ist die Nachbarstadt **Sharjah** › **S. 132**. Kalkulieren Sie dennoch genug Zeit für die Fahrt ein, denn Dubais Verkehrsdichte ist einer der weniger schönen Superlative. Sharjah gilt als die kulturelle Seele der Emirate, nirgends sonst finden sich derart viele interessante Museen in Laufnähe zu einander.

Nach so viel Stadtluft ist ein Tagesausflug in die **Bergoase Hatta** › **S. 128** empfehlenswert. Zum Emirat Dubai gehören einige sehr schöne Landschaften – darunter die Sanddünen vor Hatta und das Hajar-Gebirge.

Am zwölften Tag dürfen Sie Strandurlaub machen. Obwohl »nur« eine Insel, gehört sie zu den Superlativen Dubais: In fast sechsjähriger Arbeit künstlich aufgeschüttet wurde **The Palm Jumeirah** › **S. 116**. Sie lockt mit dem Superhotel Atlantis und seinem riesigen Garten mit dem fantastischen Aquapark, der auch Nichthotelgästen offen steht › **S. 124**.

Zum Ende des Dubai-Urlaubs geht es zur Einkaufstour: Die **Mall of the Emirates** › **S. 52** ist zwar nicht das größte, aber ein architektonisch sehr gelungenes Einkaufszentrum – anders als die riesige Dubai Mall oder die sehenswerte Ibn Battuta Mall.

# Infos von A–Z

## Alkohol

Alkohol gibt es nur in internationalen Hotels und besseren Restaurants, nicht im Supermarkt. Im Emirat Sharjah ist Alkohol verboten.

## Ärzte und Apotheken

Die ärztliche Versorgung in Dubai ist sehr gut, die Ärzte sprechen englisch. Behandlungen von Touristen sind kostenpflichtig, schließen Sie eine Auslandsreisekrankenversicherung ab.

Apotheken gibt es in allen Stadtteilen und großen Einkaufszentren Dubais, sie führen alle gängigen Medikamente, teils günstiger als in Europa. Geöffnet sind sie von 8–12 und 16–20 Uhr, Nachtdienste siehe Tagespresse oder unter Tel. 223 23 23.

- **American Hospital,** Dubai, Umm Hurair, Tel. 336 77 77
- **Emirates Hospital,** Jumeirah Beach Rd., Tel. 349 66 66

## Ausreise

Bei der Ausreise aus den VAE auf dem Landweg muss eine Ausreisegebühr von 20 Dh – in Landeswährung – bezahlt werden. Es dürfen keine archäologischen Fundstücke, Muscheln oder Korallen ausgeführt werden.

## Barrierefreies Reisen

Behinderte erhalten beim DTCM ausführliche Informationen über behindertengerechte Einrichtungen in Dubai. Die Road & Transport Authority (Tel. 228 44 44) hat Taxis für Rollstuhlfahrer, und die neu gebauten Hotels verfügen über entsprechend eingerichtete Zimmer. Das Dubai Museum und die großen Einkaufszentren sind ebenfalls auf den Besuch Gehbehinderter vorbereitet.

## Devisenbestimmungen

In Landeswährung und in bar dürfen maximal 40 000 Dirham undeklariert eingeführt werden.

## Diplomatische Vertretungen

- **Botschaft der VAE,** Hiroshimastr. 18–20, 10785 Berlin, Tel. 030/51 65 16, Fax 51 65 19 00, www.vae-botschaft.de
- **Botschaft der VAE,** Peter-Jordan-Str. 66, 1190 Wien, Tel. 01/3 68 14 55, Fax 3 68 44 85, emirates-vienna@utanet.at
- **Generalkonsulat der VAE,** Rue de Moillebeau 56, 1209 Genf, Tel. 022/9 18 00 00, Fax 7 34 55 62, www.uae-mission.ae
- **Deutsche Botschaft,** Abu Dhabi, Abu Dhabi Mall/Towers at the Trade Center, West Tower, 14th Floor, Tel. 02/644 66 93, Fax 644 69 42, www.abu-dhabi.diplo.de
- **Generalkonsulat,** Dubai, Jumeirah I, Straße 14 A, Tel. 00971-4-349 88 88 Fax 00971-4-349 50 50, www.dubai.diplo.de
- **Österreichische Botschaft,** Abu Dhabi, Sky Tower, Office Nr. 504, Reem Island, Tel. 00971-2-694 49 99, Fax 00971-2-694 49 88, abu-dhabi-ob@bmeia.gv.at
- **Schweizer Botschaft,** Abu Dhabi, Al Khaleej Al Arabi Street, Centro Captial Bdg, 17th floor, Tel. 02/627 46 36, Fax 626 96 27, www.eda.admin.ch/uae; Konsulat in Dubai, World Trade Center, Tel. 04/329 09 99, Fax 331 36 79, vertretung@dai.rep.admin.ch

## Einreise

Deutsche, Österreicher und Schweizer erhalten bei Einreise ein kostenloses

60-Tage-Visum, der Reisepass muss aber noch mind. 6 Monate gültig sein. Eine einmalige Verlängerung um 30 Tage ist möglich und kostet 500 Dh. Wer über den Flughafen Dubai einreist, benötigt bei einer Überlandfahrt nach Oman nur am Grenzposten Hatta kein Visum für Oman.

## Elektrizität

Stromspannung 220–250 Volt, für europäische Stecker benötigt man einen Adapter (an der Hotelrezeption).

## Feiertage

**Staatliche Feiertage:**
- **6. August:** Thronbesteigung von Sheikh Zayed
- **2./3. Dezember:** Nationalfeiertag zur Gründung der VAE
- **1. Januar:** Neujahr

**Religiöse Feiertage:**
- **Eid al-Adha** (Großes Opferfest nach dem Pilgermonat) 4.–7.10.2014, 25.–27.9.2015
- **Eid al-Fitr** (Fastenbrechen nach Ramadan) 17.-19.7.2015, 6.–9.7. 2016
- **Lailat al-Miraj** (Himmelfahrt des Propheten Mohammed) 15.5.2015, 5.4.2016
- **Maulid al-Nabi** (Geburtstag des Propheten Mohammed) 3.1. 2015, 12.12.2016
- **Al-Hijri** (islamisches Neujahr) 14.10.2015, 2.10.2016
- **Fastenmonat Ramadan** 18.6.–17.7.2015, 6.6.–5.7.2016

## Fotografieren

Nicht fotografiert werden dürfen Polizisten, Soldaten, militärische Anlagen, Flug- und Seehäfen. Menschen, v.a. Frauen, fragen Sie bitte vorher um Erlaubnis – Zuwiderhandlungen können auf der Polizeiwache und mit der Beschlagnahme Ihres Speicherchips oder dem Löschen aller Aufnahmen enden.

Speicherchips für alle gängigen Kameras sind fast überall erhältlich, das Preisniveau gleicht dem europäischen. Achten Sie wegen der extremen Lichtverhältnisse auf die Einstellungen zur Lichtempfindlichkeit.

## Geld und Währung

Die Währungseinheit in den Emiraten ist der Dirham (Dh) = 100 Fils. Hotels, Restaurants und Geschäfte akzeptieren die gängigen Kreditkarten, in den Souks empfiehlt sich Bargeld.

Mittels PIN-Code kann an Bankautomaten Geld abgehoben werden (Kredit- oder EC-Karte mit Maestro-Zeichen).

Wechselkurse (Stand Sept. 2014): 1 € = ca. 4,8 Dh; 1 CHF = ca. 4,00 Dh; 1 Dh = ca. 0,20 € bzw. 0,25 CHF.

## Informationen

Das Fremdenverkehrsamt von Dubai (Governm.of Dubai Department of Tourism & Commerce Marketing, DTCM) hat in Deutschland eine Niederlassung.
- **DTCM,** Bockenheimer Landstr. 23, 60325 Frankfurt/Main, Tel. 069-7 10 00 20, Fax 7 10 00 234, dtcm_ge@dubaitourism.ae, www.dubaitourism.ae
- In **Dubai** erreicht man es rund um die Uhr unter Tel. 04/224 52 52, und es gibt in vielen großen Einkaufszentren Informationsstellen des DTCM.

## Internet

Internetcafés gibt es in jedem Einkaufszentrum und größeren Hotels. Die Verbindungen sind ausgezeichnet und schnell. Prepaid-Karten für Internetzugang gibt es am Flughafen bei den Telefongesellschaften ETISALAT und DU.

## Kleidung

In der Öffentlichkeit tragen Männer stets lange Hosen und dazu Hemden oder T-Shirts. Frauen sollten die Arme und Knie auf jeden Fall bedeckt haben. Badekleidung wird nur am Strand getragen. In den Moscheen ist ein Kopftuch erforderlich.

## Notruf
- Feuerwehr Tel. 997
- Polizei Tel. 999
- Ambulanz Tel. 998
- Touristenpolizei Tel. 800 44 38

## Öffnungszeiten
- **Banken:** Sa–Do 8–13 Uhr, Do nur bis 12 Uhr.
- **Geschäfte und Geldwechsler:** Sa–Do 8.30–13, 16.30–20.30 Uhr, Fr 9–11 Uhr, 16–20 Uhr, manche Geschäfte haben auch bis 22 oder 23 Uhr geöffnet.

## Rauchverbot
Das Rauchen ist in allen öffentlichen Gebäuden – auch in den Einkaufszentren – untersagt.

## Sauberkeit
Ähnlich wie in Singapur ist das Spucken in der Öffentlichkeit sowie das Wegwerfen von Abfall bei Strafe verboten.

## Telefon
Alle deutschen Mobiltelefon-Provider haben einen Vertrag mit der emiratischen Telefongesellschaft ETISALAT. Preiswerter ist das Handy-Paket Ahlan von ETISALAT oder von dem Anbieter DU. Beide kosten um 10 € und sind wiederaufladbar. Beide bieten auch Prepaidkarten fürs Internet an. Viel günstiger sind die Fernsprechapparate, die mit Telefonkarten (bekommt man an jeder Straßenecke) bedient werden können.

**Online Telefonbücher der VAE:**
- www.uae-ypages.com
- www.onlineyellow.com

**Internationale Vorwahlen:**
- Deutschland 00 49
- Österreich 00 43
- Schweiz 00 41
- VAE 00 971 (Dubai 04)

## Trinkgelder
Ein Trinkgeld ist üblich bei Taxifahrern (sofern sie den Weg kennen) und bei Kofferträgern (etwa 2–3 Dh/Gepäckstück).

## Zeit
Die Zeitdifferenz zu Mitteleuropa beträgt plus drei Stunden (während der Sommerzeit plus zwei Stunden).

## Zoll
Erlaubt ist die Einfuhr von 2000 Zigaretten oder 2 kg Tabak. Nichtmuslime dürfen 2 l Wein und 2 l Spirituosen einführen. Verboten ist die Einfuhr pornografischer Artikel (Achtung, schon ein freizügiges Titelbild einer Illustrierten wird konfisziert), ferner Drogen, Falschgeld und Waffen.

Wiedereinreise in Europa: Eingeführt werden dürfen 200 Zigaretten oder 250 g Tabak, 1 l Spirituosen (über 22 Vol.-%), 2 l Alkohol (bis 22 Vol.-%) und Geschenke im Wert von 430 Euro bzw. 300 CHF.

Die Einfuhr gefälschter Markenartikel ist verboten!

| Urlaubskasse | |
|---|---:|
| Tasse Kaffee | ab 0,50 € |
| Softdrink | 0,30 € |
| Glas Bier | 3,50 € |
| Fruchtcocktail | 2 € |
| Sandwich | ab 0,70 € |
| Taxifahrt (Kurzstrecke bis 10 km) | 4,50 € |
| Mietwagen/Tag | ab 15 € |

# Register

## Bildnachweis

**Coverfoto** Burj Al Arab © Schapowalow/SIME/Maurizio Rellini
**Fotos Umschlagrückseite** © Getty/Mienny Photography (links), Fotolia/Creative Vibes (Mitte); Fotolia/
Christian Fischer (rechts)

Alamy/Dominic Byrne: 120; Alamy/Craig McAteer: 81; Courtesy of Dubai Racing Club: 78; Dubai Autodrom:
119; Fotolia/dv76: 118; Fotolia/Sergeii Figurnyi: 37, 83; Fotolia/fuchsphotophraphy: 8 u; Fotolia/Marc Martin:
16; Fotolia/Niko: 13, U2-4; Fotolia/Poles: 117; Fotolia/Akhilesh Sharma: 43; Fotolia/Yousuf Haider: 62; Foto-
lia/Alexey Zarubin: 82; Fotolia/Oleg Zhukov: U2-2; Ralf Freyer: 23, 28, 53, 71, 89, 92, 93, 99, 100, 109, 145,
151; Getty/Mienny Photography: 6; Rainer Hackenberg: 72, 76, 102, 127, 128, 129, 131; Huber Images/
Hallberg: 60; Huber Images/R. Schmid: 34, 79, 86, 113, 114, 147, U2-3; Jumeirah International Image Libra-
ry: 32, 38, 39, 44, 57, 58 106, 115, 148, U2-1, U2-Klappe; laif/Bibby/Financial Times/REA: 150; laif/Sabine
Bungert: 52; laif/hemis.fr/Fred Derwal: 27; laif/hemis.fr/Ludovic Maisant: 47; laif/Matilde Gattoni: 20; laif/
Thomas Linkel: 41; laif/Redux/Matt Shonfeld: 31; laif/Martin Sasse: 144; laif/SZ Photo/Jose Giribas: 69; laif/
Oliver Tjaden: 84, 108; LOOK-foto/Hauke Dressler: 97; LOOK-foto/Jürgen Stumpe: 35;  enning Neuschäffer:
8 o, 9 o, 9 u, 10, 48, 50, 66, 67, 75, 94, 95, 96, 103, 104, 133, 140, 142; One & Only Hotelgruppe: 14; Pixelio/
laralarissa: 73; shutterstock/Ritu Manoj Jethani: 141; shutterstock/Patryk Kosmider: 17; shutterstock/Philip
Lange: 135; shutterstock/Oxana Morozova: 54; shutterstock/Naiyyer: 122; shutterstock/oleandra: 137; shut-
terstock/Hashim Pudiyapura: 125; shutterstock/Rahhal: 70

Liebe Leserin, lieber Leser,
wir freuen uns, dass Sie sich für diesen POLYGLOTT on tour entschieden haben.
Unsere Autorinnen und Autoren sind für Sie unterwegs und recherchieren sehr gründlich,
damit Sie mit aktuellen und zuverlässigen Informationen auf Reisen gehen können.
Dennoch lassen sich Fehler nie ganz ausschließen. Wir bitten Sie um Verständnis, dass der
Verlag dafür keine Haftung übernehmen kann.

Ihre Meinung ist uns wichtig. Bitte schreiben Sie uns:
TRAVEL HOUSE MEDIA GmbH, Redaktion POLYGLOTT, Grillparzerstraße 12,
81675 München, redaktion@polyglott.de
**www.polyglott.de**

## 1. komplett überarbeitete Auflage 2015

© 2015 TRAVEL HOUSE MEDIA
GmbH München
Dieses Buch wurde auf chlorfrei
gebleichtem Papier gedruckt.
ISBN 978-3-8464-2945-7

Alle Rechte vorbehalten. Nachdruck, auch
auszugsweise, sowie die Verbreitung durch
Film, Funk, Fernsehen und Internet, durch
fotomechanische Wiedergabe, Tonträger
und Datenverarbeitungssysteme jeglicher
Art nur mit schriftlicher Genehmigung
des Verlages.

**Bei Interesse an maßgeschneiderten
POLYGLOTT-Produkten:**
Tel. 089/450 00 99 12
veronica.reisenegger@travel-house-
media.de

**Bei Interesse an Anzeigen:**
KV Kommunalverlag GmbH & Co KG
Tel. 089/928 09 60
info@kommunal-verlag.de

**Verlagsleitung:** Michaela Lienemann
**Redaktionsleitung:** Grit Müller
**Verlagsredaktion:** Anne-Katrin Scheiter
**Autor:** Henning Neuschäffer
**Redaktion:** Buch und Gestaltung, Britta
Dieterle und Heide-Ilka Weber
**Bildredaktion:** Barbara Schmid
**Mini-Dolmetscher:** Langenscheidt
**Layoutkonzept/Titeldesign:**
fpm factor product münchen
**Karten und Pläne:** Theiss Heidolph
**Satz:** uteweber-grafikdesign
**Herstellung:** Sophie Vogel
**Druck und Bindung:**
Firmengruppe APPL,
aprinta druck, Wemding

PEFC
PEFC/04-32-0928

TRAVEL
HOUSE
MEDIA

*Ein Unternehmen der*
GANSKE VERLAGSGRUPPE

# Mini-Dolmetscher Arabisch

**th** = hartes englisches th,
**dh** = weiches englisches th,
**ch** = wie in Bach

## Allgemeines

| | |
|---|---|
| Guten Morgen | ßabaach_alchär |
| (Antwort) | ßabaach_innuur |
| Guten Tag | aßalaamu_aleykom |
| (Antwort) | ualeykum_ußalaam |
| Hallo | märhabba |
| Wie geht's? | käf il_haal |
| Danke, gut. | alhammdulillah |
| Ich heiße ... | ismie ... |
| Auf Wiedersehen. | maaßalama |
| Morgen | ßabaach |
| Nachmittag | bada thuhr |
| Abend | maßaa |
| Nacht | läla |
| morgen | buckra |
| heute | aljoom |
| gestern | amms |
| Sprechen Sie Englisch? | (Mann) ant'tatkallm inglisie |
| | (Frau) antitatkallmi inglisie |
| Wie bitte? | lau ßamacht |
| Ich verstehe nicht. | anna la affham |
| Würde Sie das bitte wiederholen? | kamaan marra lau ßamacht |
| Langsamer bitte! | schuay-schuay |
| bitte | min faddlack (zu Mann) / min faddlick (zu Frau) |
| danke | schukran |
| Keine Ursache. | al affu |
| was / wer / welcher | shu / mann / ayya |
| wo / wohin | uen / illa uen |
| wie / wie viel | käf / bi kam |
| wann / wie lange | matta / la ämta |
| warum | leesch |
| wie heißt das? | schu ism haadha |
| wo ist ...? | uen .. |
| Können Sie mir helfen, bitte? | mummkin anta tißa idni, minn fadlak |
| ja | aiua / naam |
| nein | la |
| Entschuldigen Sie. | mitt aßiff |
| (Verzeihung) | (ismachli) |
| rechts | al jamien |
| links | al jaßaar |
| Einen Augenblick, bitte. | lachsa schuay |

## Shopping

| | |
|---|---|
| Wo gibt es ...? | uen fi |
| Wie viel kostet das? | bikamm haadha |
| Das ist zu teuer. | haadha raali kathier |
| Das gefällt mir / nicht. | haadha bidschibni / haadha la bidschibnie |
| Ich nehme es. | anna achdhu haadha |
| Wo ist eine Bank? | uen al bank |
| Geben Sie mir bitte 100 g Käse / 2 Kilo ... | atini miet gramm dschubna / ithnän kilo ... |
| Haben Sie deutsche Zeitungen? | aindak dscharida almanija |
| Wo kann ich ... ... telefonieren ... eine Telefonkarte kaufen? | mummkin uen anna ... ... atalfana ... aschtri kart telfoon |
| Danke, das ist alles. | schukran, haadha kullu |
| Können Sie mir das einpacken? | mummkin anta tahasam haadha |
| Ich möchte mich nur umsehen. | anna uried an aschuf bass |

## Essen und Trinken

| | |
|---|---|
| Die Speisekarte, bitte. | al mänju min fadlack |
| Brot | chubs |
| Kaffee | Neskaffee |
| arabischer Kaffe | kachua |
| Tee | schai |
| ohne Zucker | biduun ßuckar |
| mit Milch | schai chalieb |
| Orangensaft | aßier burtukaal |
| Suppe | schurba |
| Fisch | ßamack |
| Fleisch | lachm |
| Huhn | daschaasch |
| Beilage | mudschamilaat |
| vegetarische Gerichte | tabak al_akl nabaati |
| Ei / Eier | bayda / baydaat |
| Salat | ßalata |
| Dessert | halaujaat |
| Obst | fauaake |
| Eis | buudha |
| Wasser | mai |
| Limonade | scharab al-lajmuun |
| Frühstück | futuur |
| Mittagessen | radaa |
| Abendessen | ascha |
| Ich möchte bezahlen. | anna uried adfa |

# Checkliste Dubai

## Nur da gewesen oder schon entdeckt?

☐ **Abendliche Erlebniswelt Marina Walk**
Dinieren am Wasser im Lichterglanz spektakulärer Wolkenkratzer in einem der Lokale am Marina Walk. › S. 57

☐ **Open house im DIFC (Dubai International Financial Centre)**
Etablierte Galerien mit Werken lokaler und internationaler Künstler freuen sich über interessierte Besucher. › S. 112

☐ **Auf nach Sharjah**
Orientalische Kultur und Kunst vom Feinsten – das bieten die vielen Museen der Heritage Area und das Art Museum. › S. 132

☐ **Erlebniswelt Dubai Mall**
Die Dubai Mall sprengt auch in punkto Unterhaltungsangebot alle Dimensionen, allen voran das Dubai Aquarium mit gläsernem Fußgänger-Tunnel mittendurch. › S. 15

☐ **Das alte und das neue Dubai**
Am Creek mit den alten Dhaus scheint die Zeit stehen geblieben zu sein, doch schon in der Baniyas Road schieben sich die kühn in die Höhe strebenden Bauten des modernen Dubais in den Blick. › S. 101

☐ **Dubai Festival City**
Hier schlägt eines der kulinarischen Herzen Dubais, Restaurants bieten Genuss aus aller Welt. › S. 57, 104

☐ **Bis spät in die Nacht**
Soul, Jazz, Funk & Rock'n'Roll – Dubais Nachtklubs vibrieren bis spät in die Nacht. › S. 59

### Mitbringsel für Daheim

**Souvenir:** Ein in Silber gearbeitetes Minimodell einer Dhau aus dem Souk › S. 89.

Ein Döschen besten Safrans vom Gewürzmarkt › S. 99.

# Meine Entdeckungen

..................................................................................

..................................................................................

..................................................................................

..................................................................................

..................................................................................

..................................................................................

..................................................................................

..................................................................................

..................................................................................

..................................................................................

..................................................................................

..................................................................................

..................................................................................

..................................................................................

..................................................................................

..................................................................................

..................................................................................

**Clevere Kombination mit POLYGLOTT Stickern**
Einfach Ihre eigenen Entdeckungen mit Stickern von 1–16 in der Karte markieren
und hier eintragen. Teilen Sie Ihre Entdeckungen auf facebook.com/polyglott1.